Xinia Marie Estrada

Retrato de una mujer perdida

RELATOS

Obsidiana Press
www.obsidianapress.net

Xinia Marie Estrada

Retrato de una mujer perdida

Relatos
Segunda edición

Prólogo de Paola Valverde Alier

Obsidiana Press
www.obsidianapress.net
Estados Unidos de América 2020

ISBN 978-1-948114-24-0

Primera Edición: agosto de 2006, Estados Unidos,

Segunda edición: junio de 2020, Estados Unidos.

Obsidiana Press

www.obsidianapress.net

info@obsidianapress.net

Tel.: (917) 853-5095

"…Soy la mujer que
piensa.
Algún día
mis ojos
encenderán luciérnagas."

Gioconda Belli

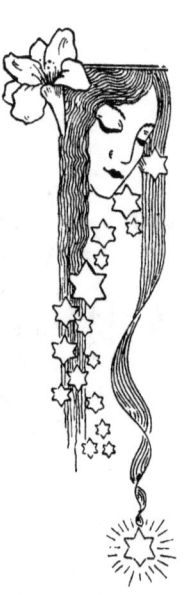

PRÓLOGO

"El mío es un libro sobre mujeres, no porque crea que lo que cuento sólo pueda pasarle a una mujer, sino porque estoy retratando una realidad que esta ahí, y no termina de cambiar. Que los hombres cuenten también su propia historia..."

Xinia Marie Estrada

Se cree haber superado la etapa de la mujer que sólo sirve para quedarse en la casa y criar hijos. La idea de que el hombre es el fuerte, superior a los instintos de su compañera. Sin embargo, él no funciona sin ella, el mundo sería un caos sin su presencia. Después de una larga espera se le "permitió" educarse, salir a trabajar profesionalmente. Hoy en día las mujeres ocupan cifras importantes en el desarrollo de las naciones, son líderes en las empresas, emprendedoras... y aún así siguen siendo madres, velando por el bienestar del hogar. Pero no todas triunfan, no son todas a las que se le brindan las oportunidades. Muchas cargan con una herida llena de abusos que se ven obligadas a callar.

Existen mujeres que se cortan las alas a sí mismas por la educación que recibieron y piensan es la mejor. Aún vivimos en una sociedad machista, donde algunos hombres no soportan el éxito de su pareja. A veces la vida se contornea, juega a cambiar los escenarios, el tiempo y las sonrisas. Una niña escribe en su diario lo que va a ser cuando sea grande. Luego crece. Nada de lo que pareció importante a aquella edad lo era ahora…

Una mujer empieza el día con su futuro empañado. Nunca se sabe qué va a pasar, sin embargo, lucha: bajar la cabeza no es común en su especie. Y es que la historia, en muchos casos, la ubica en lugares difíciles, en situaciones humillantes, de indiferencia y desamor. Pero es ella, la única capaz de poblar el mundo a través de su dolor, quien retoma las páginas del libro, renuncia a toda clase de prejuicios, empuña las letras y lanza un *Retrato de una mujer perdida*, de una madre, una ilusa, una amante; una mujer que dice "esta vez será distinto", cuando en el fondo sabe que no es cierto, pero que vale la pena seguir intentándolo.

En este libro, que se comenzó a gestar en 1989, Xinia Marie Estrada escarba su propio ser, se da a la tarea de traducir su sensibilidad materna en bofetones al alma, porque no permite la indolencia, porque sabe que no es justo callar. Los relatos que aquí se muestran son fragmentos de realidad, mililitros de lágrimas que se derraman a diario en el mundo. "Este seguramente sería el lenguaje en que muchas mujeres contarían su historia" afirma la autora, pues su contenido tiene una fuerte dosis de cotidianeidad. La voz expresada en las descripciones es muy sencilla, lo que hace que el lector inmediatamente quede atrapado en la trama.

Son precisamente estos esfuerzos, estas palabras que se conjugan para denunciar, quienes traerán la esperanza para que ellas dejen de identificarse con estos relatos. Y si se identifican, es hora de cambiar, de oponerse rotundamente a la agresión, de saberse hermosas, aunque el indicador de modas diga lo contrario. *Retrato de una mujer perdida* es el espejo donde Xinia Marie Estrada se reencuentra y comienza a parecerse, cada vez más, a todas las mujeres que habitan este libro. Es valiente por mostrarse de esta forma, abrirse de mar a mar y legarnos el secreto, que cuesta tanto voltear a mirar.

Paola Valverde Alier
Costa Rica

RETRATO DE UNA MUJER PERDIDA

Desperté una mañana buscando a tientas de, entre los chilindrajos de mi gaveta personal, monedas de una peseta en adelante, procurando completar los doce cincuenta del pasaje a San José. Asegurado el transporte, me dedico a arreglar el mejor vestido que encuentro, un juego de manta india que me regaló mi hermana cuando se cansó de usarlo. Dos meses de buscar trabajo han hecho de mis salidas a entrevistas un asunto rutinario; comienzo por alistar mi currículum, un poco exagerado y me dispongo a gastar los últimos ahorros que dichosamente se me ocurrió guardar de lo poco que quedaba de mi beca universitaria. Universidad, estudio, carrera, futuro, quedaron en el pasado. Hoy es mi última oportunidad de sobrevivir.

Antes de salir me contemplo en el espejo. No me gusta lo que veo. Debería arreglarme este pelo, pero hasta el aceite de aguacate se acabó. Tal vez mañana me haga una gorra, aunque sea de manteca. Media hora en autobús, - el microbús me costaría otra rebuscada en la gaveta -, me permiten ojear el periódico y, como todos los días, definir mi ruta. Por cierto, mi vecino ya debe de estar alarmado por las desapariciones de su matutino del garaje. Desde hace casi quince días se me acabó el presupuesto para el periódico y no me queda más remedio que robármelo para revisar los clasificados.

Hoy voy a hacer el último intento de lograr algo con mi currículum exagerado. No quisiera tener que ubicarme entre lo que ahora les ha dado por llamar mano de obra no calificada. Después de todo, casi termino la carrera y estoy aspirando a menos de lo que puedo hacer; sin embargo, día con día me veo a mí misma entre tantas muchachitas, haciendo fila en la puerta de la oficina de un viejo gordo con zapatos blancos para competir por un simple puesto de secretaria. ¿Cuántas, como yo, tendrán que ocultar los carriles de sus pantis al cruzar la pierna, mientras esperan a que termine la tediosa entrevista? Con toda la tensión y el ajetreo del día, casi había olvidado la razón de mis desvelos. Espero no resultar embarazada; ni siquiera he retirado el resultado del examen de laboratorio. Sería lo único que me falta para completar este cuadro tan deprimente en que me encuentro tras pasar a ser un dato más de las estadísticas nacionales.

Hoy he pasado por tres entrevistas. Me estoy cansando de repetir lo que puedo hacer y a lo que estaría dispuesta con tal de conseguir el puestito. Trabajaría cualquier turno y podría aceptar el salario más bajo mientras se me prueba. Claro, aceptaría cualquier cosa menos el verme obligada a irme a la cama con uno de esos asquerosos panzones que se aprovechan de la miseria y la desesperanza de tantas mujeres para apaciguar sus frustraciones.

Un día más. Mi última oportunidad y creo que fallé de nuevo. Dios mío, ¡qué gorda estoy!

CON LA LEY EN LA MANO

Hay que ver que Manuel es bien "sinvergüenza". Por ahí anda con el cuento de la crisis económica y que no encuentra trabajo, aunque siempre se le ve bien vestidito.

¡El muy cascarudo! Últimamente hasta maneja cifras de desempleo y devaluaciones para enredarte, mientras vos trabajás como una mula, porque para vos sí hay trabajo. No sé como es que te aguantás a ese mantenido - vociferaba la madre de Rosa.

Y no era que a Rosa la enredara, es que le tenía miedo. Y eso que la madre no sabía de las golpizas, porque Rosa ya tenía cuero en vez de piel. Pero la mamá se cansó de decirle y decidió mejor no visitarla; un día le dijo a su hija que cuando cambiara de actitud, o de marido, le avisara, pues estaba empezando a perderle el respeto. Y desde entonces, Rosa lleva sola sobre sus hombros un costal de desilusiones, lágrimas y amargura.

Las cosas entre Rosa y Manuel no podían estar peor, aunque ella no entendía por qué, si no hacía más que consentirlo, trabajar duro para comprarle buena ropa y colonias finas. Ahora él todos los días la maltrata y además amenaza con suicidarse si a Rosa se le ocurre abandonarlo. -Si me dejás, me mato- insistía Manuel. Una vez la dejó tendida en el suelo con la cara toda moreteada; cuando pudo levantarse, ella se fue a buscar un policía y puso la denuncia, pero cuando la mujer volvió a la casa acompañada de dos oficiales, Manuel rompió en llanto al ver a las heridas de su compañera e hizo el acto teatral de su vida: - mi amor, ¿qué te pasó?, ¿quién te hizo eso? -. La acariciaba con vehemencia y juraba que iba a encontrar al responsable de tal barbaridad y le haría pagar mil veces el dolor de su mujer. Ante aquella escena tan creíble, los oficiales se retiraron asegurando que investigarían el caso y pocos minutos después, Manuel volvía a golpear a Rosa.

Hacía tres años que se habían juntado en medio de besos, palabritas y promesas de matrimonio. Rosa trabajaba como mesera en un bar todas las noches, en jornadas de al menos diez horas. El día libre lo ocupaba en la casa atendiendo a Manuel, quien se dedicaba a buscar trabajo. Cuando la enamoraba, le contó que se dedicaba a vender enciclopedias, de esas que vienen en 20 libros, con los temas en orden alfabético y las puede uno comprar a pagos; sin embargo, apenas se juntó con Rosa, tuvo la mala suerte de que quebrara la empresa de libros y se quedó sin trabajo. Ya tiene más de un año de intentarlo, pero no encuentra nada, ni siquiera de jornalero, pues con tanta inmigración extranjera en el país, todos esos trabajos mal pagados están ocupados. Lo bueno era que Rosita ganaba propinas y todas las noches traía el delantal lleno de billetes.

Al principio Manuel se pasaba todas las noches en el bar donde Rosa trabajaba, tomando guaro Cacique con coca cola y limón toda la noche y poniendo música de la Sonora Santanera en la rocola. Un día se emborrachó y se peleó con un cliente, también borracho, porque le acarició la mano a Rosa; se agarraron a golpes y el lío fue tal que Rosa estuvo a punto de perder su trabajo; a Manuel le prohibieron acercarse al lugar. Desde entonces, Manuel empezó a pegarle a Rosa casi todos los días. El día que no le pegaba, ella pensaba que ya había cambiado, que a lo mejor había tenido un mal rato y que sí la amaba. De repente, le volvía a golpear, la maltrataba sin motivo alguno, porque hablaba y porque no hablaba, porque cantaba o porque lloraba, si hacía, si no hacía. La golpeaba con el puño cerrado, o la pateaba en cualquier parte del cuerpo hasta tumbarla al suelo y luego salía de la casa quién sabe hacia dónde. Después volvía y le hacía el amor, sin ninguna pasión, más bien parecía que se desahogaba como un legítimo animal. Al principio, ella trataba de defenderse y luchaba contra él con todas sus fuerzas, pero no lograba dominarlo, al contrario, eso lo hacía enojar aún más y la agredía con mayor violencia, como si quisiera matarla. Entonces Rosa no volvió a oponer resistencia, aguantaba callada y luego se curaba las heridas; se avergonzaba de sí misma por tener relaciones sexuales con Manuel; algunas veces no tenía opción, pero hubo muchas en que era ella quien lo buscaba y seguía sin comprender cómo podía sentir deseo por alguien que le hacía tanto daño. Luchaba terriblemente contra sus instintos y nunca se atrevió a contarle a nadie lo que le estaba pasando. En una ocasión, no pudo disimular con maquillaje la hinchazón de su cara y así tuvo que irse a trabajar; sus compañeras la miraron con tristeza, pero no dijeron nada.

Rosa también trataba de comprender a Manuel, de ponerse en su lugar; había oído que los celos son una enfermedad que se puede tratar y hasta curar, pero con él ni siquiera se podía hablar del asunto; llegó a pensar en cambiar de trabajo, a ver si eso apaciguaba a su marido; sin embargo, sabía que mientras Manuel no consiguiera algún empleo, ella no podía darse el lujo de renunciar a las propinas tan buenas que recibía en el bar. Además, le gustaba su trabajo, los patrones le tenían cariño; había trabajado allí desde que cumplió los dieciocho años y se sentía muy cómoda con lo que hacía, su trabajo era decente y nunca nadie la había irrespetado. Allí conoció a Manuel, que un día llegó quién sabe de dónde cuando ella tenía apenas veinte años; fue su primer amor.

Muchas veces, después de golpear a Rosa, Manuel se iba de la casa y no llegaba a dormir. Aparecía al día siguiente todo añejo, pidiendo comida. Y seguía insistiendo en que "si me dejás, me mato". Ella sabía que lo haría.

Una tarde Rosa descubrió que su marido le había robado todos los ahorros que ella mantenía en secreto, envueltos en una media, en el fondo de una gaveta. Por mucho tiempo había soñado con comprarse un lote cerca de la playa, construir una cabaña y abrir su propia cantina. Cuando se juntó con Manuel, ya casi ni podía ahorrar porque tenía más gastos; a él le gustaba vestir bien y mientras no pudiera encontrar trabajo, era su deber ayudarle, pensaba Rosa. El día que fue a poner unos cuantos billetes en la media de los ahorros y la encontró vacía, la desilusión fue tan grande que decidió dejarlo; metió un poco de ropa en una maleta y cuando se disponía a salir, Manuel comenzó a llorar desesperadamente, le rogaba que lo perdonara, que nunca más volvería a pasar, decía que la amaba más que a su vida y como Rosa no desistía en su decisión de marcharse, él agarró un tarro de veneno, de ese que llaman "folidol" y se lo bebió de golpe. De repente se comenzó a poner más negro y se revolcaba en el suelo del dolor, escupía y gritaba -me muero, negrita, me muero-.

Entonces ella también lloraba desconsolada y ¡perdóname, Manuel!; le dio a beber leche y café y cuanta cosa se le ocurría hasta que lo puso a vomitar. Manuel se levantó y Rosa no se fue de la casa, no lo dejó, ni sospechó que el folidol se lo había tragado el inodoro. El se empezó a portar bien, se mostraba sumamente cariñoso mientras se reponía con calditos y la conciencia maltratada de la mujer.

Pasaba menos de un mes desde el incidente del folidol, cuando le volvió a pegar; la seguía golpeando cada vez con más crueldad. Hasta que un día se le fue la mano. Rosa volvía del bar a las seis de la mañana, cansada y con ojeras después de una larga noche de   trabajo; apenas se había enterado de que estaba embarazada y, por una parte, se sentía dichosa, aunque tenía mucho miedo. Se quitó los zapatos para descansar sus pies hinchados y se acostó en el sofá. De repente, se levantó el marido furioso y comenzó a insultarla, primero porque no había ido directo a la cama a echarse a su lado como le correspondía, luego la acusó de serle infiel, de acostarse con los clientes del bar y de mil cosas más. Rosa se levantó del sillón tratando de salir de la casa y escapar de aquel infierno, pero Manuel la agarró de los cabellos y le dobló la cabeza hacia atrás, después le lanzó un puñetazo que le quebró la nariz. La arrastró hasta la cama y la siguió golpeando. Después la atacó sexualmente y se fue de nuevo, quién sabe hacia dónde.

Rosa estuvo internada durante toda una semana, mientras se recuperaba de las heridas y el aborto que había sido causado por los golpes del marido. Fue en el hospital donde le dijeron a Rosa que buscara ayuda. Que hay mujeres que trabajan con mujeres. Antes de ser dada de alta, una trabajadora social entrevistó a Rosa y la llevó a la "oficina de las mujeres". Aún aturdida por la pérdida de su hijo, Rosa trataba de contar su historia y, al hablar, su voz se quebraba sin llorar, como si se le hubiesen acabado las lágrimas. El repetir con detalles, cada golpe recibido, cada insulto, cada humillación, la hizo percatarse de las dimensiones del abuso al que había estado sometida por tanto tiempo. Decía Rosa que, por momentos, no podía creer que todo eso lo hubiera vivido ella misma, que hubiera sido capaz de sobrevivir. Era la primera vez que se atrevía a contar su vida, no quería que otras personas pensaran que a ella le gustaba que le dieran golpes, como suele decir la gente cuando se entera de casos de violencia doméstica. Rosa deseaba que entendieran que ella sí había tratado de poner fin a su situación, que había llevado su caso a las autoridades, que había tratado de abandonar a Manuel, que no había podido, que odiaba la vida que llevaba, que no sabía cómo salir del agujero.

Recordaba Rosa que tiempo atrás, ella era una muchacha feliz, que le gustaba cantar y en el bar todos la apreciaban mucho, que antes iba a bailar con su madre cuando llegaban orquestas a los salones vecinos.

Rosa comenzó a sentirse menos incómoda hablando de sí misma, era como si se estuviera apenas conociendo; la llevaron a un albergue para mujeres víctimas de violencia doméstica y ella se vio a sí misma en muchas caras cicatrizadas; había también niños al lado de sus madres, o de voluntarias, quienes los atendían cuando sus mamás no vivieron para contarlo. Y a Rosa le explicaron que hay leyes para las mujeres, que siempre habrá una salida, aunque ella y las otras aún no vieran esa puerta. Y -dígame licenciada, ¿cómo vuelvo a mi casa?, ¿quién me quita mis miedos?, ¿qué hago si él vuelve? - . También se preguntaba Rosa, de qué le serviría un papel de la policía o una orden de alejamiento si él no iba a respetarla, o para el momento en que llegara a la policía, tal vez ya iba a estar muerta. Pero la mayor preocupación era cómo enfrentarse a la vida de aquí en adelante; Rosa sabía que esta sería la última vez que contaría su vida a extraños, que no pensaba ir repitiendo por ahí su historia de maltrato, que ella misma tenía que agacharse a recoger los pedazos y pegarlos de nuevo, para esperar al amor, que tarde o temprano volvería a llegar y que no tenía por qué ser igual.

En la "oficina de las mujeres" la trataron muy bien. Cuando Rosa supo que estaba lista, dos señoras la acompañaron a su casa y -ya no tenga miedo, Rosa-. Mandaron a cambiar las cerraduras de las puertas, prepararon café y se instalaron tranquilamente en la casita que alquilaba Rosa. Esa misma noche apareció Manuel con su cara de "mi amor, ¿qué te pasó?"

¡Sorpresa! Lejos de levantar actas o hacer preguntas, las doñas agarraron al hombre a protocolazos, a codigazos y a constitu-cionazos, hasta con el Código de Igualdad Real Para la Mujer le golpearon. Con la puerta bien cerrada, le dieron su merecido, tomando literalmente la ley en sus manos. Rosa no quiso pegarle. Después lo empujaron hasta el caño mientras él gritaba "por Dios que me mato,

Rosa".

Esa noche también ella se fue. No se la ha vuelto a ver. A Manuel dicen que lo vieron en la costa con una chola. Lleno de Vida.

PÉTALOS DE MARGARITA

Una hamaca de cabuya acuñó a la zipotita cachetona el día que la madre la trajo al rancho. La abuela Alfonsina le descubrió el pecho para que el sol reverberante iluminara el lunar ébano aterciopelado heredado por toda su descendencia.

Guanaquita pancha, de ojos negros y pelo chuzo, india blanca, la llamaron Margarita. No hay preguntas sobre el padre, basta tener al retoño. Alfonsina la acurruca en su poncho desteñido y juntas duermen al monótono mecer de las hamacas. Así fue desde un principio. Carmela, la madre, vuelve a la capital a ganar el cinco; india joven y frondosa, dura le ha sido la vida, salió del rancho a los quince.

A Margarita no le faltó nunca la pupusa y el pinol, las canciones de Alfonsina y la misa en la "San Fernando". El delantal de la abuela la apoyó en sus primeros pasos. Docenas de celajes y arco iris la sorprendieron coloreando la carita con achiote del moledero o silbando con los cucuyos. Creció cogiendo guacales, raspándolos y pintando sueños en la cáscara dura del fruto ya tostado: gallinas y flores, caminos de piedra, el volcán a lo lejos, la pequeña cascada y el monte solitario que abrazaba a aquel minúsculo y paupérrimo pueblito pipil. Alegre y vivaracha, solía pelear con las figuras resplandecientes que formaban los leños del fogón, prendido desde el primer canto de los espeludos gallos. Antes de haber cumplido seis cosechas de aguacate, según cuentas de Alfonsina, ya corría por el patio a juntar escobilla para barrer el rancho, sacaba agua del pozo y alistaba la aguadulce para la vieja que se levantaba refunfuñando y estrenando una nueva dolencia cada mañana.

—Pues señó —cotorreaba con la comadre—, el día que yo me despierte y no me duela nada, jue que amanecí muerta.

Pensaba Margarita que la abuela no podía morirse sin agarrar los primeros ayotitos que sembraron a la orilla del culantro coyote; el día que descubrió dos flores amarillas decorando la reptil enredadera, gritó de contento y se fue a buscar a Alfonsina. Sorpresivamente su mirada se topó con la india Carmela que recién llegaba en el bus de San Salvador.

La abuela le había dicho que su mama vendría un día para llevarla con ella a una casa bonita, que conocería la escuela y así podrían ambas saber que decía el papel que envolvía la tapa de dulce, que tendría muchos vestidos floreados y lazos de colores para amarrar sus largas trenzas negras. Margarita se escondió sollozando bajo el fogón, aferrada al piso polvoriento y fresco del adorable ranchito de Alfonsina y el Santo Fernando de Mazatepe. Buscó en la bolsa del delantal de manta, el rosario de cuentas de San Pedro que la abuela le hilara cuando aprendió el trisagio completo e invocó a la Virgen, suplicante, que no se la llevaran, que no la entregaran a la señora pinturreada para ir a la capital.

Carmela acostumbraba sostener a su madre y ahora a la hija, enviando los pesos por encomienda en el bus del domingo; un par de veces vio a la criatura y la cosa no pasó a más.

En esta ocasión, al igual que su anterior visita anunciaba un nuevo nacimiento para el próximo invierno. Esta vez sí hubo preguntas.

— ¿Quién es el hombre?

— Es el mismo.

La carita de la niña volvió a iluminarse sólo cuando vio alejarse el destartalado autobús color celeste y trompa ñata en el que Carmela desaparecería por unos cuantos meses más. No obstante, la ilusión de tener un zipotito en la casa, un chavalo gordito y peludo como el de la comadre Chana, no la dejaba dormir. Lo cuidaría ella misma y le enseñaría las canciones y mentirillas que Alfonsina le regalara en las noches de tormenta. Tendría que ser varón, y ella misma le tejería sabanitas, fundas de manta, muñecos de tuza y trapo.

La abuela rezaba solitaria en un rincón, bajó toditos los santos cuando el primer aguacero anunciaba el cambio de estación. Era el tiempo ya para el nacimiento del retoño de Carmela y aquel temporal helado con rayería y tronadera, no advertía nada bueno. La vieja y la niña se encomendaron al Señor pues el presentimiento de un mal deparo, ya había superado la ilusión del crío.

En efecto, volvió la india Carmela con el corazón partido. Sí, se le murió la criatura. Era una niñita bonita y redonda como la otra. El Señor sabrá porque hace las cosas, pero si de dolor se trata, no hay angustia comparable a la del alma india desgarrada. De nuevo al baúl los bordados y las tuzas y Carmela a San Salvador. Margarita y Alfonsina cruzaron una mirada solidaria y entregaron su pena al que todo lo puede; hasta ahí llantos y rezadera y a comenzar de nuevo, pues las arduas y placenteras faenas que anunciaba el amanecer, les esperaban con toda la energía de esta tierra aún de todos.

Recién cumplidos los trece, Margarita iluminó con flores rojas el cálido ranchito. Rosas, claveles y amapolas adornaron el hogar en el ritual de transformación dirigido por Alfonsina para que la niña enterrara las muñecas y empezara su vida de mujer, como ordenaban sus costumbres. Cortaron los ayotitos para la sopa de Viernes Santo y con la resurrección del Señor, se despidió el espíritu de la india Alfonsina. No más dolores pa' la Nana, pensaba la muchachita. Guitarras en el velorio, chocolate y pupusas para los presentes y un sollozo de adiós en el último puño de tierra.

No era el mismo ya el ranchito. Margarita no se levantó de la hamaca en tres semanas. Palideja y ajada la encontró la Carmela. India chuca, levante las cejas y camine a la nueva vida. Adiós San Fernando, Dios tenga en su seno a Alfonsina.

Carmela y Margarita llegaron a la capital. Una casona de ladrillo, con muchos cuartos y un zaguán encerado prometía ser su nuevo hogar. Una vieja cuarentona, más pinturreada que la giganta del turno del pueblo, esperaba a Margarita en el salón:
- Con que no te han desflorado, muchachita. Muchos pesos vas a ver, amor no te va a faltar.

Hasta el nombre le cambiaron, le descubrieron las piernas, le talaron las dos trenzas. Sabrá Dios si tuvo amor...

SE ME OLVIDABA

Desde hacía mucho tiempo, apenas si soportaba a mi mujer. Regresar a la casa después del trabajo era un verdadero sacrificio. Últimamente ella se había vuelto muy reclamona y preguntaba cosas constantemente. Creo que fue desde que yo empecé a serle infiel, no sé cómo pasó, pero terminé enredándome con María, una mujer de mi oficina y seguramente se me notaba mucho la ilusión. La otra noche exploté y nos insultamos. Ella me dijo hasta de lo que iba a morir. Yo estaba decidido a irme de la casa.

Al día siguiente arreglé todo para irme a vivir con María a su apartamento. Al volver del trabajo, dispuesto a decírselo, encontré la casa vacía y una carta pegada en el espejo.

Sin abrirla y, mientras esperaba a que mi esposa y mis hijos regresaran, me puse a repasar los últimos años de mi vida. Cuando nos casamos, ella estaba embarazada.

Es cierto que yo la quería, pero de no haber sido por el embarazo, mi vida habría tomado otro rumbo. Yo estaba en el colegio y ella era unos años mayor. No teníamos ni en dónde dormir. Me fui a trabajar como peón en una construcción y con lo que ganaba apenas alcanzaba para comer. Nos fuimos a rentar un estudio en condiciones miserables.

Gracias al buen consejo de papá y a un esfuerzo enorme, hice el bachillerato por madurez. Ella se encargó de atenderme bien dentro de lo que nuestra pobreza permitía para que yo siguiera estudiando. Pero vinieron más hijos, nunca sabíamos cómo, cada año, un nuevo embarazo. Hoy son tres niños de edad escolar. Después entré a una escuela comercial a llevar una carrera corta, esperando que el futuro me deparara una mejor suerte y poder salir de aquel barrio miserable. Mis gastos de estudio consumían una buena parte del presupuesto familiar; sin embargo, ahora que lo pienso, yo personalmente no sentí la diferencia. La verdad es que ella siempre se las arregló para que yo comiera bien y tuviera ropa limpia.

Yo casi nunca estaba en la casa. Llegaba tarde y salía temprano. Los domingos iba a estudiar con mis compañeros todo el día. Ellos nunca supieron dónde y cómo yo vivía porque me daba vergüenza contarlo. Y así se fueron los años, casi sin darme cuenta. Al fin terminé la carrera y conseguí trabajo en el banco. En verdad nuestra situación mejoró y alquilamos una casa grande en el centro. Yo ya me había acostumbrado a estar al margen de mi familia y me abrumaba estar en casa. Ella había envejecido mucho para su edad y también engordó. Ya casi no hablábamos. Después vino lo de María. He pensado que tengo derecho de volverme a enamorar.

Esa noche me consumí en mis cavilaciones hasta darme cuenta de que ella no había regresado. Entonces recordé la carta que estaba pegada en el espejo y decidí abrirla recordando la desagradable escena del día anterior. El papel decía:

"Se me olvidaba acordarte
que me tizné el vestido
y me quemé el delantal
mas tu ropa bien planchada.
Se me enchilaban los ojos

con el humo de la leña,
chocaba con los horcones
del ranchillo a media luz;
pero la comida a tiempo.
No te lo había reclamado:
el polvazal del verano
y las goteras de invierno.
Era yo quien me empapaba
y andaba sucia hasta el cuello.
Se me olvidaba acordarte
que yo encendía el fogón,
conseguía de noche el agua,
corría de un lado a otro
y, según vos, no trabajaba.
Esto sin contar los hijos
porque han sido sólo míos.
A vos nunca te fregaron
ni siquiera te encontraron.
Y yo, demasiado vieja,
bien curtida y medio tonta,
para vos gorda y añeja,
escondida y olvidada,
cambiada por cualquier cosa.
Se me olvidaba decirte
que tras esa puerta dejo
lo único que construiste:
un puñado de desprecio
pues me llevo la esperanza"

Y yo que pensaba que nos lo habíamos dicho todo. Me miré en el espejo, en el mismo lugar donde había estado pegada la carta. Yo también me encontré más viejo.

Y amaneció. Mientras me descubría ahí, contemplando mi propia ignorancia.

REFLEJOS

Aquella tarde de marzo, el sol brillaba despreocupadamente y Gabriela aprovechó para asomarse al balcón a cotorrear con las también despreocupadas vecinas. Se encontraba entonces alardeando acerca de sus bien llevados treinta y cinco años, sus ciento veinte libras mantenidas con gran disciplina y, a propósito, su guapo marido ejecutivo, justo cuando el susodicho sorprendió con una llamada telefónica.

La expresión de telenovela en la cara de Gabriela estuvo a punto de reflejar el "lo siento, no quería hacerte daño, pero me enamoré de otra"; sin embargo, se lo aguantó. Esa misma noche, Luís Rubén recogió sus cosas a toda carrera y salió aventado por la puerta de la cocina, procurando no dejar ver la cara de sinvergüenza ante la abnegada y casi perfecta esposa, quien, suponía él, estaría llorando en un sillón. Era mejor no pasarle por el frente a la sufrida mujer y así evitar la tragedia de los arrodillamientos y los perdones; de seguro, una amenaza de suicidio lo retendría y finalmente terminarían haciendo el amor con la perezosa pasión de las reconciliaciones innecesarias, para así conservar el sacrosanto matrimonio hasta que algo mejor pasara.

Curiosamente, Gabriela no se encontraba recostada sollozando en la sala josefina con apariencia de regalo de día de la madre. Apenas soltó el auricular, le dio unas cuantas vueltas al asunto y sacó sus propias conclusiones: había aparecido la robamaridos y no era tiempo de hacer inventario de culpas. Si bien, a la mayoría de los hombres valdría la pena dejárselos quitar, a Gabriela esa idea no le hacía ni pizca de gracia.

Se levantó muy temprano al siguiente día, alistó sus pretextos y sonrisas fingidas, y se dirigió a la oficina de Luís Rubén con el fin de sonsacarle algún detalle a la secretaria pues las "secres" todo lo saben y todo lo pueden.

Esta vez, la sorpresa y la noticia sí que la hicieron tambalearse. El hombre no estaba en su sitio, la ex secretaria ahora era señora, y la nueva y perturbada oficinista no le dio siquiera una buena idea.

Transcurrían las primeras mañanas de mujer abandonada; el despertador timbró y timbró y Gabriela ni se inmutó; ya no había que salir corriendo a arreglarse y preparar la escena de la armoniosa comunión conyugal llamada desayuno. No tenía que estirar cuidadosamente el brazo hasta apagar la alarma sin molestar a su bien cuidado acompañante. Gabi permaneció un rato escuchando el ruido majadero del relojito mientras meditaba acerca de cuán equivocada estaba respecto de lo que tiene que ser una buena esposa, una mujer correcta. Tenía un embrollo en su cabeza, repasaba una y otra vez sus días pasados; pensaba en el perrito de Pavlov y la teoría de los reflejos condicionados: el perro salía corriendo a buscar su alimento al sonar de la campana, así como ella respondía automáticamente a los condicionamientos que imponía su buen matrimonio.

Gabriela empezó a acostumbrarse y hasta

disfrutar su nuevo estado de mujer dejada. No más ridículas fotos familiares en la sala; no más ronquidos, medias tiradas, pelos en el lavamanos, llamadas inoportunas, suegros invitados.

Más temprano que tarde apareció el ex marido con unas cuantas excusas encantadoras. Que si le habían llegado unos documentos importantísimos en el correo, que si necesitas algo y que te invito a comer. De ese modo Gabriela y Luís Rubén empezaron un nuevo romance, pero a la inversa. Gabriela ahora era la amante y la ex secretaria era la que lavaba los calzoncillos.

Luís Rubén juraba estar confundido; Gabriela no le pedía que dejara a la otra y él estaba a punto de estallar con los ataques de celos de su nueva pareja. Un día no aguantó más, empacó hasta sus remordimientos y se largó. Estaba ansioso por regresar a su hogar, dulce hogar, su casa de tantos años, diseñada a su exquisito gusto y decorada con la elegante sobriedad de su legítima esposa. Cuánto había extrañado los mimos de ella, las sonrisas de la mañana, la perfección de la vida cotidiana ajustada a sus más delicados caprichos.

Aquel día el timbre de la puerta sonó y sonó hasta enmudecer. Gabriela ni siquiera se inmutó.

LOS SECRETOS DEL MONTE

Entre los montes, mi hogar. La casa verde de patas largas que construyó papá el verano pasado. La paja de agua al fondo, atrás el guayabal, infinito, misterioso, custodiado por vacas de pintas negras. Al frente, la carretera y la peña, un pedazo de montaña mutilada por la acción del tractor, la yegua y la aplanadora.

En invierno sale del peñón un hilito de agua fresca que aprovechan los caminantes en su trayecto; papá les llama "andarines", son unos muchachos barbudos con el pelo muy largo y la ropa sucia, que pasan la vida caminando con un salveque al hombro. No tienen casa ni rumbo, pero desfilan uno a uno todos los días por la carretera. Alguna vez nos pidieron posada, no se la negamos a nadie, aunque nos estemos muriendo de miedo. El encanto de esta tierra, abrazada por los montes que protegen el Valle del General, tiene apuñado un secreto y el desafío de descubrirlo. Entre mi tenacidad y su hermetismo, se libró una batalla de muchos años.

Todo empezó cuando Jorgillo, el más travieso de mis hermanos, se perdió en el guayabal un día entero. Yo juraba que había hecho alguna travesura como quebrar un vaso o golosear un dulce, pero no parecía faltar nada en la casa. Los adultos se organizaron en parejas y se metieron bosque adentro a buscarlo, sin tener suerte. Mamá se encomendó a todos los santos conocidos y lloraba a moco tendido asegurando que, al ahora bien llamado Jorgito, lo tenían engañado los duendes y, si se hacía de noche, no lo devolverían. Yo traté de imaginar a los duendecillos como unos enanos verdes con gorros de punta y bombón que jugaban y bailaban y a mi hermano divirtiéndose entre ellos. Esa debía ser una trampa para atraparlo, después lo desaparecerían para siempre. De repente, regresó Jorge por su propia cuenta y quién sabe por dónde, no dijo palabra alguna y entre la alegría del encuentro, a mamá se le olvidó castigarlo. Después siguió perdiéndose y fue siempre la misma angustia. Al rato le dio por seguirnos la corriente e inventaba cosas sobre los duendes para que lo dejáramos tranquilo.

No me conformé con las aventuras de mi hermanillo y un amanecer salí al encuentro con los duendes. Me parece que estuve varias horas exhibiéndome en el guayabal y la única visita que recibí fue la de una vaca gigante, toda negra, que echó carrera para aplastarme, según parecía. Corrí como desconsolada, en zigzag, en línea recta, haciendo curvas y más de una maroma, pero el animal no me dejó en paz. Entonces decidí subirme a un guayabo; el tronco pelado del árbol me obligó a arrastrarme varios metros hacia arriba hasta alcanzar una rama. Lo logré, pero la vaca se quedó abajo esperando por mí. Intenté maniobrar para ascender y cortar una fruta tentadora, pero se me quedó un brazo atorado en una horqueta. Estuve colgando con un dolor indescriptible quién sabe cuánto tiempo hasta que aparecieron mis padres con la historia de los duendes. Espantaron a la vaca con piedras y me sacudieron de las piernas. Después me pegaron con una rama de arbusto, no sin antes advertirme, anunciarme, amenazarme y, sobre todo, espantarme ante la idea de lo que podría ser un castigo futuro.

Con el tiempo, fui perdiendo el interés por los duendes, pues   cosas más relevantes estaban ocurriendo en mi casa y alrededores. Mamá escuchaba todas las noches como que alguien se mecía en la hamaca del corredor. Mis hermanas también decían haber oído risas de mujeres a medianoche. Papá se levantó varias veces cuchillo en mano a revisar la casa y los patios, pero nunca encontró nada. Yo procuraba estar despierta hasta que empezara la sesión de brujas y acompañar a papá a buscarlas y, por supuesto, nunca conseguí vencer el sueño. De repente, comenzamos a oír quejidos debajo del piso del cuarto de mi hermana mayor. Sólo acabaron el día que la pobre Flor amaneció con el pelo cortado como a mordiscos. Hubo que pelarla como a un hombre para poder emparejarle las mechas y así tuvo que ir a la escuela ganándose el apodo de "polla chinga".

Todo el tiempo que vivimos en aquella adorable casita, tuvimos problemas con las brujas y las apariciones. Nos fuimos acostumbrando y a mí hasta se me quitó el miedo. Noche tras noche asomaba una luz muy brillante por encima del árbol de guarumo. Esa era el ánima de una viejilla que había muerto recientemente y en algún lado dejó enterrado un poco de plata. A todo el mundo se le aparecía y ya nadie se atrevía a pasar por el frente de la casilla donde vivió. A papá una vez le cogió la noche sin volver a la casa y no le quedó más remedio que irse por el caminillo del río. Ahí mismito se le atravesó un ataúd que no le dejaba pasar. Pero él, que es bravo de veras, le metió una patada y le dijo "quite, quite, suela de zapato", recordando que la vieja era más flaca que un cuero, "quite que me precisa". Y el ataúd desapareció. Por Dios que a mi tata sí le creo. Yo pasé varias noches aguantándome las ganas de orinar para no salir al patio. Sin embargo, un día me atreví a ir con Jorgillo por la mañana a buscar la luz en el guarumo; como no vimos nada pensamos que seguramente estaba apagada, o andaba en otro bosque buscando a quién asustar.

Lo peor de todo es que Ña Chayo, como se llamaba en vida la señora ''suela de zapato", se presentó ya difunta en casa de Ñanita, una vecina que andaba siempre descalza. Mientras ella amamantaba a un niño recién nacido, oyó que le golpeaban la puerta. Ña Anita preguntó - ¿quién es? - y le contestó una voz muy conocida - pos quién va a ser, soy yo, Chayo -. Ñanita se desmayó y el chiquito se mamó el susto. Desde entonces se hizo tonto, se llama

Ismael, pero le dicen Mel al pobre. Después pasó que se empezaron a desaparecer muchas cosas de la casa. Yo supe que más de uno se estaba aprovechando de las brujas para obtener mercancías comerciables en la escuela. Así que me apoderé de la oveja más grande del portal, una blanca que me tenía trastornada. Mamá registró todas las cosas nuestras, nos amenazó con insistencia y luego decidió que habían sido las brujas y nos dejó en paz. Para entonces ya yo había desistido en mi búsqueda de los secretos de aquellos montes. Aún conservo conmigo la ovejita. Pero nunca supe a ciencia cierta si hubo algo de fantasía en aquella inmensa realidad de mi niñez.

UNA CASA PARA TODOS

Entré con los míos y los otros a lo que hoy es una barriada de más de doscientas familias. Al principio no me gustaba el lugar y tenía miedo de que nos sacaran. Entre barreales, oscuridad, pleitos y, a veces lágrimas, comenzamos a levantar los ranchos. Algunos se arriesgaron y, de una vez, hicieron su casa de block. A papá le robaron varias veces el lote. Cuando ya había clavado estacas y cavado las zanjas, encontraba a otra persona metida en su pedazo de tierra pegando bloques y amenazando con pegarle si seguía de majadero. Siempre se le reubicaba hasta que, al fin, pudo medio terminar la casa. Claro que fue difícil permanecer en el lugar. Después de las cinco de la tarde no se podía caminar ni siquiera dentro de la casa por la oscuridad. Chocábamos con todo y, cada medio metro, nos tropezábamos. Cocinar era una hazaña, con lo difícil que era encender ramas verdes de café. Aplanchar... era mejor dejarlo para mejores tiempos, sobre todo después de haber tiznado unos vestidos y quemado otros con esas planchillas negras de hierro.

En el verano el polvazal y en el invierno... a veces dejábamos los zapatos perdidos entre el barro. Algunos nunca aparecieron. Parecía que andábamos en zancos con las grandes plastas en los caites. En muchas ocasiones, si teníamos que salir bien vestidas, nos poníamos unos zapatos viejos y nos los cambiábamos en la casa de la salida; Marielos, la afortunada mujer que agarró el lote más cercano a la carretera, nos los guardaba. Otras se amarraban bolsas plásticas como botas. Yo lo intenté, pero cuando iba a sacármelas ya estaba tan embarrialada que me ensuciaba las manos y era peor.

¿Podría alguno de nosotros olvidar todo aquello? Las noches en vela esperando que alguien abriera a escondidas la paja municipal para hacer fila en la carretera y robarnos el agua. Los sustos cuando veníamos de trabajar o de estudiar y en media oscuridad nos perseguían. Las burlas de la gente del frente cuando nos decían ''cusucos'' por robar tierras sin pudor. Es verdad que nunca tuvimos una buena organización en la comunidad. A veces porque los problemas personales y los pleitos entre las mismas familias nos distanciaban. A veces porque los ánimos politiqueros se ponían por encima de los intereses de todos y otras veces por pura negligencia, lentitud y conformismo. Pero también es cierto que cada uno dio un empujoncito y, de empujoncito en empujoncito, nos encontramos incluidos en programas estatales de vivienda y ya se está colocando el acueducto. Dicen que pronto se resolverán los problemas legales, aunque nosotros siempre tuvimos claro que nadie nos iba a sacar de aquí.

Todavía sin cielo raso, sin pintar, sin aceras y sin títulos de propiedad, esta casa, cada día es más nuestra.

EL FANTASMA DE LA MILPA

Dicen las buenas lenguas que Moisés, que era tan macho, lloró desconsoladamente el día que vio a su mujer en un taxi con otro. En realidad, no fue con otro, era el mismo de siempre, el que todos le conocían...

Desde entonces Moisés abandonó el trabajo y se cambió a domicilio desconocido. A menudo se le ve en los parques, sentado en una banca como cualquier pensionado, meditabundo y ajado, leyendo periódicos viejos, quizá comentando cosas triviales. Habla poco y no es muy expresivo. Sólo gesticula cuando alguna muchacha le dirige miradas atrevidas. Porque es bien guapo el confisgado. Entonces frunce el ceño y truena los dientes.

Moisés va a recolectar café en la temporada de cosecha. Antes de salir el sol, se adentra varios kilómetros hasta encontrar cualquier finca. Busca una poza, se baña y cambia cuando termina, ordenando religiosamente sus pertenencias en una gran maleta ejecutiva; fue un regalo del abuelo y no se separa de ella ni siquiera en el cafetal. Por la noche regresa caminando, le disgusta viajar en el camión que transporta a la peonada.

Un día mientras vagaba abstraído en su vacío, encontró una milpa que crecía casi en media ciudad. El olor a tierra fresca y las tiernas hojitas de maíz lo llamaron y ahí pasó la noche, haciendo nada. A partir de ese día, cada atardecer, sus pies lo transportaban mecánicamente al maizal. A veces le daba mucha sed por la noche, entonces saltaba la tapia y usaba la pila de la casa de al lado, donde vivía Lucía. Prefería no husmear, pues en una ocasión se le ocurrió mirar por el petatillo del fregadero y vio fotos de niños y una Santa Cena colgando del comedor; el sabor a hogar le daba náuseas. Con el tiempo, Moisés se volvió confianzudo y cuando era necesario, lavaba la ropa en el patio de Lucía si sabía que no había nadie en la casa, después el aire cómplice de la milpa se encargaba de secarla.

Nadie se enteró de que Moisés pernoctaba en la milpa, nunca lo vieron entrar ni salir, era como si se hubiera vuelto invisible entre las matas. Si llovía se cubría con un cartón muy grande y antes de irse, lo dejaba pegado a la tapia. Siempre lo encontraba en el mismo lugar, esperándole pacientemente. Eso indicaba que nadie había llegado a su milpa.

Cuando se acaba la cosecha de café, Moisés vaga por las calles, come con el dinero ahorrado o espera a que llueva maná. Siempre aparece algo. Nunca se le ocurrió buscar un sitio para vivir de verdad, prefería flotar sin detenerse a sentir o plantearse regresar al mundo. Tampoco se percató del tiempo, pues no tenía alrededor más que el maíz y a ratos lo ignoraba. Ni siquiera se enteró de que el maíz había crecido, floreció y ya tenía frutos. Un día Moisés salió a recorrer las calles y buscar un periódico para leer. Mientras tanto, llegaron unos hombres a cortar los elotes y machetear la milpa.

Ese fue el día que Moisés se quedó de veras sin hogar, y en su lugar, había un vacío infinito.

A TRAVÉS DE UNA BURBUJA

Aquella noche miré a Juan sentado en la puerta, vestido de verde olivo y con la gorrita al revés, en un gesto de indisciplina, o de descanso.

Fue la última vez que nos vimos. En los períodos de tregua, los muchachos bajaban de la montaña a recibir instrucción escolar mediante programas intensivos que, al final, todos aprobaban. Mucho material, mucho estudio, pero en dos o tres meses recibían lo que normalmente se llevaría un año de primaria o secundaria.

Y Juan ya estaba terminando la enseñanza media. Le gustaba particularmente el inglés, lo recuerdo practicando para las pruebas pronunciando con ese particular acento nica.

En esta ocasión encontró a su madre más vieja, callada y achacosa. Tres veces había sido movilizado. La primera cuando era apenas un chavalito de trece. Se alistó porque quiso en las milicias territoriales y se apartó de los suyos por primera vez. Entonces lo llevaron a las montañas del norte. El monte le parecía impresionante y aprendió lo que todos: a no dormir, a comer poco, nada o mono; a sentir miedo y frío, a llorar a escondidas, sin rajarse. Aprendió que eso es la guerra. Eso y un hermano muerto en el setenta y nueve. Al principio seguramente quiso vengarlo y después de tres salidas estaba lleno de ideales, de ilusiones.

La madre, cada vez más ausente, escuchaba impaciente la llegada del carro con el megáfono anunciando una nueva lista de "gloriosos" muertos. Y cuando volvía su Juan, le temblaban los labios, aunque ya había dejado de creer que se quedaría para siempre. Pronto cumpliría los diecisiete y tendría que incorporarse al servicio militar obligatorio.

Él no comprendía por qué su mamá se apuñaba en un rincón cuando le preguntaba si era mejor ahora que antes, si pensaba que valía la pena, si de veras quería colaborar, si entendía lo del racionamiento. También él había estado muy inquieto últimamente. Una noche, mientras esperaba el turno para tomar café y salir de vigilancia en su cuadra, me comentó que lo había contactado "la contra" para hacerle ciertos ofrecimientos. El que le habló fue el Felipe y si no fuera porque había sido su amigo, como su hermano desde que se fue a vivir a la alameda, probablemente lo habría denunciado. Y es que la cosa era seria. Felipe había participado también en las brigadas y habían entrado juntos en las milicias.

Después empezó a distanciarse, cuando todavía uno podía zafarse sin que se notara. Y Juan sospechaba de las andadas del compita, desde que lo emplazaba con sus dudas hasta que dejaron de verse.

Ya para entonces Juan comenzó a entrar en conflicto.

—Es que yo siento cosas raras—, me decía—. Que a ratos uno no sabe si en esta lucha sólo se pierde, sólo se llora, que quisiera dejar de soñar con reservas, de suponer con cuidado, de desear sin temer. Pero la guerra es guerra de cualquier lado y él ya tenía una causa. Aquella noche partió muy enamorado. Apenas si pudo despedirse entre los gritos de los chavalos del camión.

Un día oí decir que estaba enfermo. Lo sacaron de la línea de frente. Primero tenía ganas de volverse, que si su mamá habría sanado de la pierna, si la María consiguió trabajo en Telcor, si el Efraín dejó la escuela. Después sudaba y deliraba. Se empezaba a decir que Juan estaba loco. Escapó del hospital de campaña. Tres días, nada más como si se lo hubiera tragado la tierra y después volvió solito. No objetó el castigo, no dijo una palabra.
Se quedó en el equipo de asistencia, muy atrás, nunca más lo pusieron en el frente. Hasta que una carta de la María que quién sabe cómo le hicieron llegar, lo amontonó de nuevo en el delirio. Pero esta vez pidió licencia. Sólo unos días para ver morir a su madre. Y se la dieron.

En la tropa andaba el rumor de que Juan había desertado. Como si se pudiera. Se fue mas vacío que conciente. Juan ya era todo un hueco por dentro.

No logró llegar al pueblo. En un caminillo embarrialado lo encontraron. Lo vi como borroso, ahí tirado, todo perforado y con esquirlas de AK incrustadas en su carne. Yo misma lo reconocí. Sus dientes blancos y mi foto escondida entre su pecho.

SUERTE DE PRINCIPIANTE

Voy a decirle cómo vine a parar aquí. Hace más o menos año y medio que dejé mi país. El primer lunes de julio, salí de San Pedro Sula cargando una gran maleta. Esperé a que el mayor de mis hijos se fuera al trabajo, el de seis años a la escuela y el marido sepa Dios adónde. Entonces, alcé al pequeñito de dos años y lo deposité en los brazos de mi madre. Ese marido mío era bien mujeriego, pero de todas maneras yo siempre fui así con todos, me enfadaba y de repente los dejaba tirados. Mamá me decía que cambiara el carácter porque de lo contrario, nunca podría formar un hogar de verdad.

Tomé un autobús que me trasladaría hasta la frontera con Guatemala. No tenía ningún documento de identidad, pero estaba segura de que, de un modo u otro, llegaría a los Estados Unidos. Recorrí durante largas horas muchísimos lugares que me eran desconocidos dentro de mi propio país, mientras llegaba el momento de pasar por las aduanas. Yo estaba muy tranquila, porque si tenía dificultades para salir de Honduras, nada más me regresaba a la casa silenciosamente y después lo volvería a intentar con mayores recursos. Pero no me pidieron papeles y entonces me armé de un gran valor. Atravesé el puesto guatemalteco como Pedro por su casa, sin siquiera mirar a los oficiales. Arrastré la valija a toda carrera, procurando alejarme lo más rápido posible de las casetillas de Migración, con tan mala suerte que cerca de ahí me asaltaron quedándome únicamente las joyas de mamá que traía escondidas en el sostén y con aquella confisgada maleta tan pesada.

Ahí si es verdad que me desanimé, pero no tenía más remedio que seguir caminando y adentrarme en territorio chapín. Al cabo de un rato me alcanzó una muchacha salvadoreña que se disponía a realizar la misma travesía y decidimos apoyarnos mutuamente. Esta mujer, que se hacía llamar Juanita, me aconsejó que me deshiciera del equipaje pues la caminata sería infinitamente larga y cansada; había que llegar a Ciudad de Guatemala y de ahí ingeniárnoslas para llegar a la frontera con México, de modo que habría que andar varios días sin saber qué suerte nos esperaba. Además, me dijo que tal cantidad de vestidos y accesorios era absolutamente innecesaria, a menos que pretendiera ir a Hollywood.

Aproveché para descansar en el primer pueblito y ahí vendí a muy bajo precio toda la ropa que traía, quedándome únicamente con una mudada para cambiarme y lavar la que tenía puesta; también vendí las joyas. De las cosas que más recuerdo de ese viaje fue el hecho de que la gente más humilde era la que me ayudaba, especialmente dándome de comer.

Con el dinero recaudado en la venta de la ropa, podía abordar de vez en cuando algún bus y descansar un poco para luego continuar a pie. Juanita me acompañaba pues ella tampoco portaba mucho dinero. Decía que conocía el camino, ya lo había recorrido muchas veces.

Llegó el momento de adentrarnos en la montaña y olvidarnos de buses porque ya comenzaban a pedir papeles y yo no quería correr ningún riesgo. Fueron muchos días por media selva sin comer y con los pies despedazados desde que mis zapatos desertaron de la aventura. Finalmente nos enteramos que estábamos en territorio mexicano.

No nos perdimos en ningún momento porque siempre hubo gente buena que nos orientaba, ya que ese viaje constantemente lo hacen los cientos de centroamericanos que entran ilegales a México y Estados Unidos. La población indígena concentrada en las faldas de la cordillera, colabora sobremanera en esta faena que últimamente han dado en llamar "tráfico humano", incluso haciendo de guías o baquianos a cambio de algún trapo o cualquier artículo negociable.

Aprendí a valerme de mi anecdotario para conseguir dinero en los caseríos por los cuales pasábamos. Tocaba una puerta, contaba la historia y ahí mismo disfrutaba de un poco de café, comida y algunas monedas para abordar un autobús. Así dejamos atrás el Istmo de Tehuantepec con el objetivo de conquistar la densa y bulliciosa ciudad de México. Sobrevivir allí, no sería fácil, pues el transporte era relativamente caro y en áreas urbanas era prácticamente imposible hacer recorridos a pie y además llegar con vida a cualquier destino.

Juanita y yo decidimos separarnos, nunca más volvimos a vernos. Conseguí trabajo en una tortillería. El primer día me pareció que no iba a aprender el oficio. Tenía que atrapar las tortillas que se rotaban en una plancha caliente haciendo malabares. Claro que me quemé las manos y me salieron callos, sin embargo, al día siguiente ya podía considerarme una experta. Estuve un par de semanas en ese puesto de la calle, en los alrededores de Garibaldi. Lo primero que hice fue comprarme unos buenos zapatos. ¿Que dónde dormía? En los parques, detrás de la misma tortillería tapándome con un cartón; un par de veces la patrona me llevó a dormir a su casa, un casi apartamento de los suburbios marginales del Distrito Federal.

Todo iba marchando muy bien, pero justamente el día que perdí mi "pata de conejo", me cayó la "migra" mexicana. Me montaron en un bus y fui a dar otra vez a Guatemala. En la situación en que me encontraba, sin plata, sin ropa y sin haber logrado nada, qué iba a estar yo volviendo a Honduras. Empecé de nuevo la travesía, pero esta vez no caminé ni un kilómetro.

Ya había adquirido la costumbre de pedir limosna de manera que recaudaba lo suficiente para pagar buses donde se podía, pero, sobre todo, alquilar caballos. Llegué otra vez a México, toqué puertas y me empleé en casas de familias de clase media y alta, junté lo suficiente para salir rumbo a Tijuana y hacer el intento de pasar "mojada" a Estados Unidos.

En una de las casas donde trabajé, adquirí el acta de nacimiento y la credencial electoral de la patrona y con eso conseguí que me hicieran una tarjeta de identidad con mi propia foto en San Luis Potosí. Así que ya no me llamo Ana sino María y soy mexicana en lugar de hondureña. Bueno, la verdad es que en todo este tiempo me he cambiado el nombre varias veces, a menudo no me acuerdo cómo me llamo en realidad. Dos cosas he aprendido: a no aferrarme a nada para que no me duela perder lo que tengo y que en esta vida todo es relativo.

En el último autobús mexicano que abordé, me tocó de compañero de asiento un hombre cincuentón que nunca supe cómo se llamaba. Yo nada más le pedía a Dios que ese señor no fuera de esos que toquetean toda a la mujer que se sienta del lado de adentro. Por dicha era una persona decente, dijo que era de Chihuahua pero que ya se había conseguido la nacionalidad estadounidense; me invitaba a comer en todas las paradas, muy amable. Me asustó cuando dijo que me pusiera con Dios porque lo que pensaba hacer era muy arriesgado y con muchas posibilidades de fracaso. No sé qué andaba haciendo este tipo en autobús, pero lo cierto es que me dediqué a enamorarlo utilizando unos cuantos shows de timidez e ingenuidad que ya había aprendido durante toda mi travesía. Todo se puede conseguir en esta vida.

Mi nuevo amigo me consiguió y pagó un "coyote" para que me pasara al otro lado, asegurando que ya tendría tiempo algún día de pagarle el favor. Cuando ya me tocaba lanzarme a cruzar la frontera, llamé a todos los santos para que me ayudaran a lograrlo. Mi amigo me prometió que me esperaría del otro lado y me dio un papelito con números de teléfono y direcciones. Finalmente apareció el famoso "coyote" con más cara de perro que otra cosa y me montó en un camión atiborrado de gente. Hasta había un par de cristianos de mi mismo pueblo a los que fingí no conocer. Al llegar la noche, nos bajamos del camión y comenzamos a caminar, a correr, a gatear, a arrastrarnos en una interminable pesadilla que creí que nunca habría de terminar. Mis piernas adoloridas dejaron de responder y como que recuerdo que alguien me ayudaba empujándome hacia el frente para que no me alejara del grupo. Nunca supe cuántos días y noches caminé sin parar, sin probar bocado y casi sin beber agua. Creo que me desmayé en algún momento y cuando desperté me encontraba en una casa sin muebles, con alguna de la gente que me había acompañado en el viaje.

Ahí llegó a buscarme el hombre que había pagado al coyote. Llegó con una mujer quien me regaló un buen vestido para que me cambiara y arreglara. Ya maquillada y bien compuesta, aunque aún débil y descontrolada, me fui con la pareja en un automóvil. A mí se me olvidó el amorío que había establecido con el tipo y parece que a él también. Finalmente me llevaron a algún lugar de California y me dejaron trabajando de empleada doméstica en una casa. Después desaparecieron.

He tenido suerte, hace seis meses ya que me conseguí un marido americano y hasta joven. Una patrona latina que tuve, me aconsejó que me casara para que arreglara de una vez mis papeles. El dice que de todos modos el matrimonio de Honduras aquí no vale. Yo nada más me casé para conseguir la residencia, pero parece que él ya esta enamorado de mí. Por eso un día me encabroné y también lo abandoné. Ahora estamos más o menos contentos, aunque hace rato que volví a trabajar y sólo lo veo los domingos. El quiere irse conmigo a Honduras y poner un negocio allá.

¿Quiere saber por qué deje a mis hijos tirados? Bueno, es que a mí me echaron una brujería, una amante de mi esposo, para que lo dejara y me fuera lejos. ¿Usted cree en esas cosas? -

MANUAL DE PROCEDIMIENTOS

A Patricia siempre le gustaron los hombres maduros. Nunca se interesó en muchachos de su edad. Cuando estaba en el colegio se escapaba de la clase y la veíamos irse en el carro de algún divorciado, o casado seguramente; cada vez es más difícil pescar a uno de más de treinta que sea soltero y además heterosexual.

A los veinte años ya Patricia se había casado con su jefe cuarentón, con hijos casi de la misma edad que ella y, como suele suceder, no sólo dejó su vida disipada para convertirse en esposa, sino que se dedicó por entero a su marido, quien además era muy dulce, muy complaciente, se desbordaba en atenciones para con ella.

No se puede negar que Joaquín Murillo era un hombre encantador, la atracción de las fiestas. Patricia se sentía realizada exhibiéndolo ante sus amistades. Ni siquiera sentía celos, al contrario, disfrutaba los coqueteos del marido con sus amigas, las que fueron sus compañeras de secundaria. Tuvieron dos hijos, también admiradores del padre, quien, a pesar de las canas seguía siendo bastante atractivo. Diríamos que Joaquín era demasiado encantador, varias veces le vimos muy bien acompañado y un día alguien se lo dijo a la esposa. Entonces el muy audaz la consoló con su acostumbrada ternura. Le dijo que era sólo una diversión, que esa mujer no valía nada, que no se podía comparar con ella, que nadie ocuparía su lugar de esposa y todas esas cosas que deben de estar escritas en un manual de procedimientos porque no hay mujer casada que no las haya oído. Y, por supuesto, aseguró que no volvería a verla.

Aquella aventura se terminó, pero vinieron otras. Los muchachos crecieron y la madre jamás les habló mal de Joaquín. Sin embargo, se cambió de habitación y siguió durmiendo sola el resto de su vida. Durante muchos años ella guardó la esperanza de que cumpliera sus

promesas, pensaba que conforme él iba enve-
jeciendo, seguramente maduraría y se dedi-
caría de lleno a su matrimonio, sin embargo,
no fue así. Dice que comenzó a aborrecerlo;
aquel encanto que encontraba en su tempe-
ramento jovial, ahora le desagradaba. El hizo
todo lo que pudo por reconquistarla, pero no
lo consiguió. Tal vez si hubiera cambiado, ella
lo habría perdonado, pero ya anciano se le
veía salir de cualquier lugarcillo. Joaquín podría nacer de nuevo y Patricia no confiaría en
él.

La última que le conocimos fue una compañera de infancia de Patricia; fueron aman-
tes muchos años, aunque él siempre lo negó,
decía que era una buena amiga y además su
confidente ya que su esposa le había dado
la espalda. Desde entonces la sombra de esa
mujer estuvo presente en la casa; Joaquín no
hacía más que mencionarla e insistirle a Patricia que reconstruyera aquella vieja amistad
de colegio con la mujer. Imposible, todo el
mundo sabía que la cosa no era tan inocente.

Se llamaba Lucrecia y fue la sombra de Patricia por muchos años hasta que pasó lo que
menos esperaría una esposa que le ocurriera

a la amante del marido: se murió.

Una vez Joaquín llegó desconsolado con la noticia de que su amiga tenía cáncer. Y la enfermedad se volvió un asunto de familia, los muchachos se volvieron de lo más solidarios con el padre. Patricia no dejó de pensar que al menos la mujer se iba a morir y a lo mejor cuando se le pasara el sufrimiento al marido, todo volvería a la normalidad.

Cuando a la tal Lucrecia le llegó la hora, las carreras del funeral absorbieron todo lo que le quedaba de hogar a la casa de Patricia. Llegaban los amigos a darle el pésame a Joaquín, llamadas telefónicas, encargos florales y demás. Después vino el novenario y un sinnúmero de actividades, de modo que ni siquiera la muerte de la mujer apartó a Joaquín de su presencia. Patricia se moría de rabia pensando que seguramente su esposo estaba tan enamorado de la otra, que de veras estaba sufriendo la pérdida.

Resultó que este señor Joaquín Murillo, a quien ya se le contaba más de setenta años, se pasaba los días llorando la muerte de su Lucrecia mientras Patricia lo contemplaba atónita. Hasta que, finalmente, explotó; todavía era una mujer relativamente joven y esta vez no tuvo contemplaciones; ni la ancianidad del marido ni el resentimiento de los muchachos la hicieron titubear. Le alistó la valija y llamó a los hijos que Joaquín tuvo en su primer matrimonio, ya hombres maduros, para que se hicieran cargo de él.

Volvió a saber de él pocos años después, cuando la llamaron de un asilo de ancianos avisándole que se había muerto y que a ella le correspondía hacerse cargo del entierro. Fue lo último que hizo por él. Le preguntaron qué tipo de entierro prefería.

- Que lo quemen, que lo entierren rápido, que desaparezcan cuanto antes a ese hijo de puta.

COMPAÑERAS DE BACHE

María Villanueva es de esas cholas de hablar pausado y andar erguido que una rara vez se encuentra, sobre todo en estas tierras de Dios, o quién sabe de quién. Es inteligente, entregada a las cosas en las que cree, luchadora y honesta, una revolucionaria de verdad, como sacada de algún relato de Luisa o de Fallitas y estampada en su propia historia en la década de los ochenta.

No es que sea una gran conversadora, más bien parece que habla para sí misma. -Ya no es banano, sino palma, mi hermana. No hay capataces porque ahora se llaman jefes de área. Tampoco hay sindicato, pero tenemos asociación. Sólo estos baches solitarios siguen siendo los mismos.

Los baches para solteras y las manos callosas de Maria no habían cambiado. Aquí mismo la conocí hace muchos años, cuando nos tocó compartir una de esas casitas que asignaba la Compañía Bananera a los trabajadores y que nunca supe por qué las llamaban baches. A ella se le ocurrió una noche que un bache debe ser como una brecha, un espacio infinito que separa al peón del patrón. Me acuerdo que entonces le dije que a veces uno no sabe si meterse en el alma del explotado o en los zapatos del explotador. Desde hacía ya varias semanas el sindicato tenía sudando a los gringos con amenazas de huelga. Yo me encogía toda pensando dónde diablos iba a meterme si me quedaba sin trabajo. Se enojó mucho mi amiga, no me habló en una semana.

La perdí de vista por un tiempo. Después de que conoció al Moncho, se fue con él a probar suerte en otro lado. Me cuesta creer que vuelva tan sola y abatida. Es como si viniera a refundirse entre el calor y la humedad de esta costa sureña para lamentarse constantemente de su pasado. Parece auto castigarse. Le he visto llorar cuando recuerda el ajetreo de los domingos rojos: toda una jornada de trabajo para entregar voluntariamente la paga al sindicato y al partido. La más valiente en las noches de pegas y pintas, la más osada en el plebiscito, la primera en la asamblea, la más fajada en la finca, no había hombre que le llegara siquiera a los tobillos. Es cierto que en esa época, no se trataba de aquellas condiciones insalubres y salarios miserables de los tiempos de Calufa, pero había mucho por hacer, muchas ganas de soñar y a María no le sobraban consignas cuando agarraba el megáfono para ponerse a pegar gritos.

Soñó mucho, jamás se imaginó que se pudiera venir abajo tanto proyecto, tanto entusiasmo, tanta esperanza. A mí me daba a menudo volantes y programas de autogestión de las fincas bananeras. Ayer le pregunté qué le parecía el solidarismo y escupió el suelo. Yo, desde hacía tiempo lo veía venir, se lo advertí, pero no me hizo caso. Le dije que cada vez sus sueños me parecían más irrealizables, mucho trabajo y pocos resultados.

María Villanueva apretaba los puños con pesar cuando se enteraba que sus compañeras comenzaban a dejar de cotizar para el sindicato, de comprar bonos o dar contribuciones; el periódico sí lo seguían leyendo, hasta que dejó de salir. Pero ella seguía perifoneando y volanteando, parando a la peonada casi todos los meses, porque, eso sí, era buena agitadora la cholita. No tuvo hijos, parece que quedó estéril por el uso de los químicos que se usaban antes para tratar las plagas del banano. Muchos quedaron así, hombres y mujeres, algunos aún peor. Moncho se le fue con otra. ¡Qué salada la negra!

Trabaja sin descanso, tira el gancho con fuerza, como si le reclamara a las palmas todo lo que ha perdido. Extraño a la María alegre y gritona, la que contagiaba a todos con su orgullo de patriota.

- Qué va, mi hermana. Yo ya no tengo patria. La mía era el bananal. Yo me quedé sin nada el día que se me cayeron los esquemas. Me costó asimilarlo, a pesar de que ya casi todos mis compañeros de batalla se habían ido, desilusionados o escépticos. Yo los culpaba, los llamaba pusilánimes, traidores y cuanta etiqueta recitaban los manuales. Y ahí seguí y seguí, esperando el golpe de frente -.

Eso ya me lo había contado. Fue la noche que la perseguía una patrulla porque estaba llenando de frases célebres un muro. Ella los evadió agarrando por una calle contra vía, sin embargo, ahí mismo se topó con un policía que venía a pie y tuvo que detenerse e inventar un motivo para su prisa. Le dijo que estaba entrenando porque era atleta. Y eso que andaba con zapatillas de cuero y pantalones de vestir. Aun así, logró escapársele y siguió corriendo porque le habían dicho que tenía que encontrarse con los compañeros de la minúscula brigada de propaganda que quedaba, en algún lugar de cuyo nombre no quiere acordarse.

—Llegué, pero no había nadie. Estaba muy confundida y me quedé no sé cuánto tiempo acariciando el tarro de spray. Esa fue la única vez que me agarraron, me gané un viaje directo a la tombería, porque tiré la pintura demasiado tarde. Nadie preguntó por mí. Estuve guardada mucho tiempo. Y mi revolución, mi sueño, mi pasado... ahí quedaron-.

EL ÚLTIMO PELDAÑO

Nunca es tarde para dar un mal paso. El vecino sigue sin levantarse; devolveré su periódico y me traeré, el pan. Algún día tendré que agradecerle su participación en mis estrategias de supervivencia. Insuficiente actuación, por cierto, a veces quisiera que se le olvide la billetera en la canasta del pan.

Ya hace casi un mes que me separé de Roberto; si aguanté tanto tiempo con él, fue por un lado porque una siempre desea tener un marido en vez de no tener nada y, por otro lado, porque temía que me pasara esto que hoy estoy viviendo: con tres hijos en las edades más incómodas, sin plata y sin saber para dónde agarrar. Además, lo que yo pretendía era que él simplemente llenara mis expectativas, que se reivindicara y volviera a ser el hombre cariñoso y considerado con el que me casé. Me costó mucho tiempo y sacrificio el darme cuenta que eso no era ya posible.

En toda esta retirada tan dolorosa, sólo he contado con la madrina de los chiquitos que me ofreció su casa mientras me acomodaba y finalmente acepté, sólo que los días pasan sin que se me resuelva lo de la pensión alimenticia y ya estoy viendo malas caras y asumiendo mi condición de arrimada.

La abogada me dijo que el caso podía atrasarse y mientras tanto Roberto se aparece cada semana a tratar de llevarme de vuelta a la casa. Estoy absolutamente presionada.

No puedo buscar una persona para que cuide los niños mientras busco trabajo y por supuesto después, porque si no consigo empleo y no sale esta maldita pensión, no tendría dinero para pagarle.

Pero, además, sin trabajar tampoco puedo comer. Estos días hemos sobrevivido gracias a que mi amiga me consiguió unas casas para limpiar tres días a la semana; pagan malísimo, pero puedo llevarme al chiquitillo mientras los otros dos están en el kínder y la escuela. Ya he tenido que dejarlos solos dos veces que anduve de alcaldía en alcaldía haciendo vueltas y casi no pude con mi angustia; es que son tan pequeñitos, la mayor acaba de cumplir ocho años. Mientras tanto, no he dejado de recordar las últimas palabras que me dirigió papá antes de morir; dijo que yo tenía que construir una vida diferente de la suya, con años enteros de comer mal, dormir mal y quedar mal. Yo al menos duermo bien.

Presiento que a Roberto le van a fijar una cuota bajísima de pensión porque consiguió que lo sacaran de planilla en su trabajo y mientras no haya salario reportado, la juez tendrá que atenerse a lo que él diga que gana, eso me dijo la licenciada. De todos modos, con el depósito inicial puedo buscar una casita, tal vez hasta alquilarle un cuarto a algún estudiante para que no me salga muy caro; entonces dejaría al pequeño Roberto en la guardería y consigo quién recoja a los otros dos de la escuela y los acompañe por las tardes para ponerme a trabajar. La abogada prometió colocarme en alguna oficina en cuanto esté en condiciones de laborar. Todo es que aguante esta condenada situación.

Roberto vino otra vez a ver a los niños, estuvo más cariñoso que nunca, hasta les trajo confites. Les dijo que, si me convencían, esta misma noche podíamos estar todos juntos de nuevo. Sin embargo, a pesar de que a ratos más o menos me enternece su actitud, no quiero volver. Regresar es aceptar que la culpa es mía, que, como él dice, yo soy una mujer histérica, dominada por el síndrome premenstrual; es aceptar que me trate de imbécil en frente de los amigos, que le dirija palabras y miradas obscenas a las mujeres estando yo presente; volver es seguir siendo su sirvienta personal, atendiéndolo día y noche sin quedarle bien; aceptar que me insulte por el menor error, que nunca tenga un gesto cariñoso o atento para conmigo, es seguir sintiéndome sola.

Mis congojas son cada día mayores, ya incontables. No sé si pueda mantener esta situación un día más. Tengo una cita en la Corte para esta tarde. De eso puede depender lo que haga; por Dios que no quisiera volver con Roberto por hambre, pero si no me resuelven en esta ocasión no tendré más remedio que hacerlo.

Los niños quedaron solos de nuevo, he corrido como loca para llegar antes de la oscuridad. Cuando una se da cuenta que puede mandar a volar la mediocridad, se le hace más fácil dejar de alcahuetear la depresión. Al fin me siento realmente independiente, optimista, ilusionada. Justamente venía pensando que hoy, entre el último peldaño de la escalera y el umbral de la puerta, iba a situar el paso más importante de mi vida. Y nunca es tarde para dar un mal paso; Ahí mismo, en esa puerta donde aguardaban mis hijos, una pieza grande de pan esperaba por mí.

LA AMANTE PERFECTA

Apenas con dieciocho años, Leticia empezó a trabajar como recepcionista en una clínica del Seguro Social. Seis meses después ya se había convertido en la amante del Director Médico y recibido dos aumentos de sueldo; don Fernando no sólo era casado, sino que era quince años mayor que ella y tenía ya dos hijos. Habría sido la típica historia del jefe mujeriego y la secretaria interesada salvo que ambos se enamoraron perdida e incondicionalmente y lograron disimularlo del todo por muchos, muchos años. Para ello, crearon una estrategia que más bien parecía espionaje. Leticia entraba todos los días faltando cinco minutos para las cinco, a dejar un paquete de reportes en el escritorio del director, quien estaría fuera de la oficina en ese momento; los últimos empleados se iban de la clínica a las cinco en punto de la tarde, el director entraba a su despacho a las cinco y cinco y Leticia terminaba sus labores tanto administrativas como románticas a las siete de la noche. En los primeros años de la apasionada relación, no tuvieron otros encuentros más que en las tardes en la oficina de don Fernando; nunca hablaron de nada, no mencionaron a sus respectivas familias, no compartieron fines de semana, nunca se les vio juntos. A Leticia nadie le conoció ningún novio y algunos aseguraban que era "del otro equipo". Tenía un amigo en la clínica, se llamaba Julián; un tiempo él la invitó a salir, pero ella sólo aceptó que almorzaran juntos en la cafetería del hospital; se llevaban bien, reían juntos, comentaban sobre asuntos de trabajo, pero la cosa no pasó a más. También Julián pensaba que Leticia era lesbiana.

Los años pasaron y don Fernando Contreras fue nombrado Ministro de Salud, dejó la clínica, pero no a Leticia; por el contrario, ahora tenían más oportunidades de verse y pasar más tiempo juntos.

Ella consiguió un préstamo con la Caja de Seguro Social y construyó una casita muy coqueta lo suficientemente lejos de su familia para evitar comentarios o indiscreciones. Jamás aceptó dinero u obsequios de su amante, lo de ella era verdadero amor y estaba contenta con lo que tenía, no le hacía falta tenerlo a tiempo completo. Al menos una vez al mes, don Fernando salía de gira a visitar los centros médicos de las zonas rurales y Leticia lo acompañaba en calidad de asistente, le preparaba los reportes, redactaba sus discursos y acomodaba sus carpetas. Aparte de eso, se veían dos o tres veces por semana en la casa de ella. Se hablaban por teléfono todos los días, él la llamaba a las siete de la mañana en cuanto llegaba a su oficina, mientras ella se alistaba para ir a su trabajo. Cuando don Fernando se pensionó, continuó llamándola religiosamente a las siete de la mañana, desde su celular, cuando salía a correr a La Sabana.

Leticia y Fernando mantuvieron una relación de respeto, de lealtad, amistad y un amor incuestionable por más de cuarenta años; él manteniendo una doble vida en el más perfecto secreto y ella viviendo sola, solterona. Nunca tuvieron hijos porque ella sentía que no tenía derecho a cambiar la vida de él quien ya tenía sus dos muchachos.

El día que Leticia cumplió sesenta años, se levantó muy temprano a arreglarse y esperar la llamada de las siete de la mañana para luego salir con Fernando a desayunar en algún pueblito lejano como solían hacerlo en fechas importantes. Eran casi las ocho cuando timbró el teléfono y ella corrió ansiosa a contestar -mi amor, mi amor -. Sin embargo, era su amigo Julián el que llamaba y quedó realmente sorprendido por el descubrimiento de que sí había un amor en la vida de Leticia.

Julián simplemente había llamado para sugerirle a Leticia que pusiera las noticias del Canal 7. Acababa de enterarse que don Fernando Contreras, el ex ministro de Salud, acababa de fallecer; había sufrido un infarto mientras corría en La Sabana.

Leticia fue al entierro y se quedó atrás, sola, anónima, muda, cubierta de negro y de dolor, compartiendo en secreto las lágrimas de la esposa, a quien viera por primera vez, abrazada a sus hijos y nietos.

Cuando todos se fueron, Leticia se agachó a besar mil veces la tierra que cubría su gran amor, preguntándose si habría pensado en ella en el último momento.

HASTA QUE LA MUERTE NOS SEPARE

Había que decirlo cuando el dolor ya no le arrancara más quejidos a su alma atormentada. Ricardo no murió accidentalmente.

Ricardo y María se habían casado muy enamorados y seguían estándolo después del tercer año, cuando ya tenían dos hijos. El era el mejor de los maridos, tan atento, cariñoso y trabajador, que a María le daba pena hablar de eso con sus amigas para no despertar envidia o incredulidad. Ambos trabajaban duro para ir poco a poco acumulando bienes que aseguraran el futuro de su familia y así, en menos de dos años compraron una casa con un terreno inmenso donde juntos sembraron hortalizas y flores.

María ya tenía una profesión cuando conoció a Ricardo y con sus ahorros le ayudó a abrir un negocio de distribución de pan, oportunidad que él aprovechó para dedicarle todo su esfuerzo y convertirlo en una productiva empresa.

Puede decirse que lo único que a María le preocupaba de Ricardo era que se aburría muy fácilmente; regresaba temprano del trabajo y se quedaba en la casa, a veces recogía a los chiquitos de casa de su suegra, otras veces esperaba a que María los trajera después de su trabajo, pero siempre parecía distraído y decía que se aburría mucho. Se aburría después del partido de fútbol, después del sexo, después de la misa; era como si hubiera que mantenerlo entretenido constantemente. María nunca habló a nadie de su preocupación, más bien, prefería pensar que eran figuraciones suyas. Él, por su parte, nunca se quejó de ella. María, disimuladamente, le traía libros de pintar, o de cuentos, a veces legos y hasta un tren eléctrico para que jugara cuando estuviera solo.

Sucedió un día que María salió temprano del trabajo y quiso darle una sorpresa a Ricardo;

en vez de ir a buscar a los niños, se fue directamente a la casa pensando pasar la tarde sola con su marido. Iba muy ilusionada, sin imaginar que ese día se convertiría en la peor pesadilla de su vida.

María entró ansiosamente a la casa y corrió a la recámara buscando a su esposo, a quien encontró haciendo el amor con una chiquilla en su propia cama. Alcanzó a verla y reconoció a la hija de una vecina, una muchachita que tendría escasos catorce años. Fue tal la sacudida, que María apenas logró sostenerse en pie. Ricardo estaba pálido y con los ojos desorbitados, le pedía perdón, trataba de explicarle, mientras su amante semidesnuda escapaba asustada por la puerta de atrás. Con un grito desesperado que aún le quema en la garganta, María le aseguró que jamás en su vida volvería a verla, a ella o a sus hijos. Y corrió como loca llorando por muchas horas.

Esa noche María se quedó con sus hijos en casa de su madre. A las diez apareció Ricardo tocando la puerta y pidiendo hablar con su esposa, pero nadie le abrió, lloraba desesperado y suplicaba que lo dejaran verla, pero no pudo. Cuando todos pensaron que él ya se había ido, María se levantó a ver por la ventana si el automóvil de Ricardo aún estaba ahí. Pero no estaba. Había pasado una carta por debajo de la puerta donde le decía a su mujer que lo perdonara, que la amaba y que había decidido quitarse la vida. Por lo inexplicable de la reacción, nadie creyó que fuera realmente a hacerlo. Para qué matarse cuando existía el divorcio. Más bien parecía un recurso de manipulación.

A María le entró la duda y de repente decidió ir a buscar a su esposo; tomó un taxi y se dirigió hasta la casa de ambos, pero el carro de Ricardo ahí no estaba; entonces pensó que seguramente su madre y sus hermanas tendrían razón y él solo trataba de asustarla. No quiso entrar a la casa donde hacía unas cuantas horas había sufrido tanto y regresó con sus hijos y su madre.

Al día siguiente de ese doloroso episodio, María llegó temprano a trabajar y lo primero que encontró fue a dos policías esperándola para darle la noticia de que su esposo se había envenenado y había muerto la noche anterior, alrededor de la medianoche.

Ricardo había dejado su carro en una gasolinera y había caminado hasta su casa para tomarse ahí mismo el veneno. Lo había encontrado uno de sus empleados en la madrugada, porque extrañamente él no se presentó a organizar la distribución del pan y entonces lo fueron a buscar a su casa. Dicen que estaba caído cerca de la puerta principal, como si en el último momento, hubiera querido salir a buscar ayuda. El veneno y un vaso de agua estaban en el cuarto, la foto del matrimonio cubierta con un trapo.

Seguramente en el momento en que la muchacha llegó hasta la puerta de su casa y decidió no entrar, él estaba ahí, quizá aún con vida y este pensamiento la sigue torturando eternamente. De ese día lo único que ella recuerda es su cabeza golpeando desesperada el cemento de su oficina.

A María le tocó enterrar a su esposo, después de varios días de investigación donde, además, tuvo que probar su inocencia.

Han pasado muchos, muchos años y María de vez en cuando va al cementerio; sigue preguntándose por qué tuvo que ser de ese modo, reclamándole a la tumba muda su traición, su falta de lealtad, mientras ella sigue cargando con su rabia y el estigma de la viudez.

COMO UNA GAVETA

Hay deudas que nunca se saldan y palabras que no se dicen. Fue Lilia Ramírez la misma que no pudo contarlo, pero lo dejó escrito en un cuaderno de pasta negra que fue su confidente desde que decidió ir por la vida sin amigos.

Estaba en tercer año del colegio. Lilia era una muchacha como todas, un poco alocada pero no más que cualquier adolescente de dieciséis años. Aún sus padres no la dejaban tener novio, pero eso no impidió que tuviera uno, dos y muchos.

El día que la madre la encontró manoseando a un muchacho en el parque, ella escuchó los insultos sin decir palabra, también aceptó la culpa, los gritos, aunque nunca los golpes. Esa noche se instaló con el muchacho en un cuarto que éste había alquilado en casa de una anciana en un barrio bastante alejado de las familias de ambos. Allí empezaron una luna de miel que duró tres días cuando el chico desapareció sin dejar huella. Lilia se enteró entonces que el muchacho había prometido pagar el primer mes de alquiler en tres días y por eso se había ido antes de que se le venciera el plazo. De este modo, la muchacha súbitamente se vio enfrentada a la vida completamente sola y con una gran responsabilidad a cuestas. Regresar a la casa de sus padres implicaba una golpiza segura y no tenía espacio en su corazón adolescente para tal humillación. Llegó a un acuerdo con la dueña de la casa y salió a buscar empleo.

No fue difícil para Lilia encontrar trabajo; ese mismo día la emplearon como dependienta en una librería y, luego de contarle al patrón lo que le había pasado, éste aceptó adelantarle la primera quincena. Y así Lilia empezó a trabajar para ganarse la vida, con apenas dieciséis años. También se matriculó en un colegio nocturno decidida a terminar sus estudios. Aunque casi siempre llegaba tarde al colegio y no encontraba un pupitre disponible, pensaba que tenía su vida resuelta, que podía trabajar de día y estudiar de noche y ser una mujer completamente independiente. Ya verían sus papás de lo que ella era capaz. Viajaba en autobús más de una hora, hasta llegar al colegio. Volvía a casa casi a la medianoche, a hacer tareas y pensar, siempre pensar, hasta que los gallos cantaran y entonces poder dormir un par de horas para irse de nuevo al trabajo. Lilia pensaba en su niñez, en la magia del cerro, en sus hermanos, sus caminos, en la nostalgia de un pasado tan cercano pero que ya no existía ni volvería, para estamparse día a día en una realidad que no se parecía a la que ella había dibujado en las cáscaras de palmito. Un día se levantó con una sensación rara, como un presentimiento, una sensación de disgusto que no entendía. Lilia llegó muy temprano a la librería y la puerta aún no estaba abierta, sin embargo, notó que don Ernesto, el dueño, se encontraba ya en el local y decidió tocar la puerta para iniciar su labor cuanto antes. Inocente muchachita, hasta entonces era incapaz de reconocer el peligro y la maldad de la gente. Don Ernesto abrió la puerta, la dejó entrar... y la cerró de nuevo.

Entonces vino el forcejeo. El viejo trataba de besarla mientras la muchacha apretaba los labios y lanzaba patadas, retorciéndose para zafarse de las garras de su agresor quien la llamaba puta y perra al mismo tiempo que le rompía la ropa a tirones. Lilia escupía, mordía, trataba inútilmente de gritar por lo que don Ernesto entonces enfureció como un demonio y la agarró del cuello dispuesto a ahorcarla. En ese momento ella pensó que moriría, ya casi no podía respirar, pero siguió resistiéndose, agitando su cuerpo de un lado a otro, con la cabeza colgando hacia el frente mientras el hombre continuaba haciendo esfuerzos por penetrarla. En un mínimo descuido del victimario, Lilia estiró un codo hacia atrás y le golpeó una costilla con lo que él aflojó un poco el cuello y ella torció su cuerpo lo más que pudo hasta propinarle un rodillazo en los testículos. Entonces la soltó y ella corrió despavorida hacia la calle.

¿Qué hacer? Por un momento todo le dio vueltas y tuvo que agacharse a vomitar en un caño. Se fue a una estación de policía, hizo lo que tenía que hacer. No le hicieron caso, le dijeron que iban a investigar, a lo mejor no le creyeron. Le sugirieron que demandara a su agresor en una corte y que fuera a ver a un médico. También lo hizo. El doctor diagnosticó las lesiones del cuello y con el papel se fue a la alcaldía. La atendió amablemente el secretario de la alcaldesa. Llenó papeles y le dieron cita para dentro de dos meses.

Una semana antes del supuesto juicio, a Lilia la llamó por teléfono el mismo secretario de la Alcaldía para que se presentara en su oficina. Ella arregló su mejor vestido y acudió a la cita con bastante serenidad. Entonces el señor secretario le indicó que tendrían que ir a otra oficina y muy cortésmente la subió en un carro del Poder Judicial. Aquí Lilia al menos se sentía segura. Pero el hombre la llevó a una casa vacía donde le ofreció una bebida que le hizo perder el sentido y la violó, aunque ella no lo supo hasta que medio despertó aturdida en un autobús, con un dolor agudo en su vientre.

Lilia volvió cabizbaja a la casa de sus padres que, para entonces, ya se les había pasado el coraje. Nunca contó a nadie lo ocurrido, parecía que lo hubiera olvidado.

El subconsciente de la mujer es como una

gaveta llena de últimos recursos, nunca está vacía. Ahí guardamos desde unas monedas para casos de emergencia que procuramos no necesitar, hasta el teléfono de esa única persona que nos cederá incondicionalmente su hombro para llorar. También la gaveta guarda los sinsabores, los temores, las culpas. Y esos los arrinconamos en el puro fondo para que no se aparezcan cuando la abrimos.

CAMINO DE LAS ESTEPAS

Colores, razas, sonrisas y misterios; tal fue mi despertar en el primer amanecer moscovita. Atrás quedó el paisaje rural centroamericano, la serenata de despedida, las lágrimas de mi madre y la mirada vacía de un novio que adivinaba un viaje sin retorno.

Era el otoño de 1984 y el parque de manzanos que custodiaba celosamente el edificio del Instituto V. I. Lenin, comenzaba a quedarse desnudo. Ese otoño y Moscú, abrieron un paréntesis en mi vida que no logro cerrar, a pesar del tiempo y los tropiezos de la historia. En aquel edificio centenario donde vi por primera vez un árbol de manzanas, detrás de un viejo mercado koljosiano, se quedó estacionado mi corazón.

Junto a mis seis compañeros, vi partir el metro que nos había dejado en la estación Kremlins-kaya, frente al Instituto. La primera tarea del día fue reunirnos con el equipo rector; unos señores muy serios, impecablemente vestidos de negro, nos recibieron con la solemnidad única de la diplomacia soviética; les entregué mi pasaporte y a cambio recibí una tarjeta de identificación que en adelante hubo que mostrar cientos de veces; esta tarjeta se llamaba "propusk" y asomaba mi fotografía con un nombre nuevo y el sello de la institución.

...Lucía...Lucía...Lucía. Un nombre extraño que ensayé tantas veces y después ya no quise mi propio nombre. Lo oí sonar en muchos tonos: ceremonioso, reprensible, dulce.

Junto con la nueva identificación, recibí mi primer estipendio para los gastos mensuales. Nuestra beca equivalía al salario de la clase obrera soviética, lo cual era significativamente alto. Nos explicaron que los obreros gozaban de los mejores salarios al tener el poder político en ese entonces y los mayores privilegios económicos. Pensé en ese instante que, gobernar, en casi cualquier circunstancia, representa un privilegio. Lo cierto es que yo nunca había tenido tanto dinero en mi vida y sobre todo, tantas cosas buenas. La escuela proporcionaba la habitación y el mantenimiento de la misma incluyendo el servicio de lavandería, de modo que nuestro estipendio lo usábamos en comida, por lo que el hábito de comprar ropa y regalos se nos fue desarrollando casi de inmediato; algunos muchachos ahorraron su dinero y se lo llevaron a su país para ayudarse a establecerse al regreso o sacar a sus familias de enredos económicos. Yo me llevé mucho más que eso, pero lo que traje conmigo se me ha quedado aquí dentro para el resto de mi vida.

La emoción de mis primeros días en Moscú es indescriptible. Un traductor ruso me llevó a comprar ropa de invierno en una tienda de niños asegurando que no encontraría nada de mi talla en las tiendas de adultos; lo cierto es que compré muchas cosas bonitas y ahorré casi cien rublos. Me volví loca desempacando en mi cuarto; una habitación para mí sola por vez primera. Desde mi ventana, en un décimo piso, se divisaba aquella bella ciudad de ocho millones de habitantes... Moscú... Moscú...

Moscú.

Bajé tímidamente a la primera planta buscando el comedor; me aterrorizaba la idea de
tener que hacerme entender por señas, sin
embargo, sabía que tarde o temprano tendría
que aventurarme, así que me decidí a hacerlo
de una vez por todas. Tan pronto como abrí
la puerta del comedor, que por cierto estaba
pesadísima, escuché el sonar de las guitarras
y un canto conocido: "todas las voces todas,
todas las manos todas".

Ahí estaban las otras delegaciones latinoa-
mericanas recién llegadas, celebrando con
café, mate y té caliente, su llegada al Instituto. "Canta conmigo canta, hermano americano..."

Y hermanos fuimos, sin nacionalidad, sin
fronteras, sin límites, a lo largo de esos infinitamente cortos diez meses en la tierra de
Tolstoy y Dostoievsky.

El primer día de clases fue tan excitante como
cuando fuimos a primer grado. Llegamos todos temprano, bien peinados y con muchas
ganas de que nos preguntaran algo, que nos
dejaran decir algo. Yo prefería pasar inadvertida, no quería decir algo que me hiciera
parecer inmadura, incompetente, o peor aún,

desinformada. Sin embargo, ahí ni el del último pupitre era ignorado; más que la inteligencia, nos evaluaban constantemente la perspicacia, la capacidad de absorción, la voluntad de aplicar el conocimiento a la propia realidad de nuestros pueblos. Había que hablar claro, sin excusas, pues las clases eran en español, algunas veces con traductores de los mejores y otras veces los mismos profesores dominaban perfectamente nuestra lengua. Recibíamos también clases de ruso, pues el Instituto contaba con más de ochocientos estudiantes provenientes de todos los rincones del planeta. De todos había que aprender y a todos había que escuchar, para llegar a darnos cuenta de que tanto latinos como árabes, chinos, europeos, africanos y todos los demás protagonistas anónimos de la historia ahí reunidos, compartíamos el mismo objetivo: la lucha por la paz mundial, por la coexistencia pacífica de los pueblos, en momentos en que el mundo estaba seriamente amenazado por la proliferación de las armas nucleares.

Mi grupo estaba integrado por nueve estudiantes, cinco hombres y cuatro mujeres; dos de los muchachos eran venezolanos, uno de ellos era escritor y recuerdo que escribía todos los días en su diario; un día le pregunté si todos los días escribía lo mismo, porque a mí me parecía que en Moscú se repetía el mismo día todos los días y él me contestó que aunque tuviera que escribir mil veces la misma cosa, lo haría con gusto, para asegurarse de que nunca olvidaría esos momentos. Había también en mi grupo una pareja de hondureños, una muchacha ecuatoriana llamada María, quien se convirtió en mi amiga inseparable por algún tiempo, una señora argentina ya entrada en años y dos colombianos.

Curiosamente yo fui la única costarricense en el colectivo; dos muchachas de mi país que viajaron conmigo, fueron enviadas a otra institución y nunca más las volví a ver.

Las clases comenzaban a las siete de la mañana y terminaban a las dos de la tarde con dos recreos de quince minutos, todos los días menos el domingo. A la salida, nos reuníamos un grupo de amigos de diferentes nacionalidades y grupos de estudio a almorzar en un comedor de autoservicio. La comida era muy variada y podíamos comer muy bien con menos de dos rublos; el menú de los estudiantes era preparado por un equipo especializado de nutricionistas cuyo objetivo era preparar a los estómagos tercermundistas para que pudiéramos resistir el invierno que se avecinaba. Fue por eso que, a partir del mes de octubre, yo comencé a notar que nuestros alimentos eran cada vez más grasosos. Empecé a hastiarme de la comida muy pronto y opté por no volver al comedor a la hora del almuerzo; más bien, aprovechaba esa hora para dormir un rato en mi habitación y después irme a la biblioteca. Los desayunos sí me gustaban, las salchichas rusas hervidas son exquisitas y al cocinero del comedor le enseñé por medio de señas a darle un par de vueltas a los huevos fritos para que se cocinaran un poco más, ya que siempre he detestado los huevos medio crudos, todos babosos. A veces me daba hambre por la noche y preparaba algo ligero en la cocina colectiva del piso; algunas veces no encontraba nada en el refrigerador porque no habíamos tenido tiempo del ir al mercado y entonces me iba con María a las cocinas de los otros pisos a robar carnes, papas, o cualquier cosa para cocinar; en muchas ocasiones estuvimos a punto de ser atrapadas y teníamos que correr a toda prisa por las escaleras y encerrarnos en el cuarto un buen rato. Así era mi vida gastronómica en Moscú; los profesores decían que teníamos que comer muy bien pues se esperaba un invierno fríamente aterrador, tan crudo como el que les tocó sufrir a las tropas alemanas en 1944. En efecto, ese invierno de 1984, las temperaturas llegaron a bajar hasta los treinta grados centígrados bajo cero. A pesar de lo poco que comía, cuando regresé a casa, había aumentado más de veinte libras.

En Moscú vi muchas cosas por primera vez y algunas, aunque simples, me impactaron mucho, como el otoño ruso, el cual me despertó una pasión por los colores cambiantes de las hojitas y los árboles quedándose desnudos, los jardines de manzanos, la cerveza negra, los tulipanes. Una de las primeras mañanas en el Instituto, me distraje oliendo las flores de un jardincito que estaba contiguo a la biblioteca; era una de especie de refugio donde no podía evitarse el ponerse a pensar. Había un par de bancas, una lámpara gigantesca y en medio de una sábana de flores multicolores, se levantaba la estatua de Lenin, de su tamaño natural, no muy voluptuosa, pero con un detallado impresionante. La misteriosa figura de aquel hombrecito adorado, sino idolatrado, por el pueblo soviético, me llenó de una euforia interior que aún ahora disfruto en mis ratos de remembranza. La visita al parquecito se convirtió en mi primer paseo de la mañana, antes de ir a la clase y asumí religiosamente la tarea de meditar cada día, antes de la jornada de estudio; ahí enfrente de Lenin, bajo el cielo moscovita, en mi mente de adolescente se tejieron sueños, se construyeron revoluciones, nacieron esperanzas y se fabricaron grandes amores.

La disciplina en el Instituto, así como en todas las esferas de la vida en la Unión Soviética, era sumamente rigorosa, formaba parte de la responsabilidad diaria de construir una poderosa nación con grandes ideales, en un mundo y un momento histórico en que no podía desaprovecharse la oportunidad de fortalecer el rumbo hacia la paz, cuya esperanza se hallaba en un hilo. Eran los tiempos de la "Guerra Fría" y recuerdo que el pasaporte de mi país aún contenía un sello que decía algo así como que era válido para viajar a cualquier país del mundo con excepción de aquellos que se hallaban detrás de la cortina de hierro. Y justamente ahí estaba yo, con apenas veinte años, detrás de la cortina de hierro. Como estudiantes teníamos también el compromiso de contribuir al objetivo de la paz, sobre la base de lo que debíamos llamar la "disciplina leninista". Y cada uno de nosotros lo aprendió en los hechos, en la experiencia cotidiana de las aulas, las conferencias, los pasillos de nuestra escuela. A mí me tocó una lección inolvidable de disciplina leninista.

Entré tarde a la clase de Psicología Social y Comunicación un día de tantos después de intercambiar pensamientos con la estatua de Lenin; en realidad no era muy tarde, no pasaría de cuatro o cinco minutos. Al inicio de cada clase, el profesor leía los principales titulares del diario Pravda, que significa en ruso "La Verdad".

Yo traté de pasar inadvertida bajando la cabeza y escabulléndome hasta la última fila haciendo el menor ruido posible, sin embargo, pude sentir la mirada del profesor quien, habiendo detenido la lectura del periódico, me seguía con la vista hasta que me acomodé en mi asiento. Para mí la vergüenza había sido inmensa y habría bastado la escena para nunca más llegar tarde. No así lo consideró el joven profesor y dedicó esa clase a explicar el significado del aporte del pueblo soviético a nuestra educación. En efecto, parte de la cuota sindical que pagaban los obreros, se destinaba a la educación de estudiantes extranjeros. Nuestro grupo era patrocinado por una empresa ensambladora de carros y un par de veces tuvimos que ir a ayudarles a armar los carros en los famosos "domingos rojos". Yo me preguntaba si los obreros realmente sabrían que parte de su trabajo lo disfrutábamos nosotros, si entendían, si estaban de acuerdo, si realmente tenían eso que llamábamos conciencia política. Y ese día me sentí tan pequeñita...

Serguei Victorievich Krilov resultó llamarse este muchacho ucraniano quien fuera nuestro profesor de Psicología Social y Comunicación, una interesantísima clase que aún me sigue sirviendo en la vida. Serguei había sido enviado unos años antes a Cuba, para dar esta misma clase en la Universidad de La Habana. Hablaba español con una gran fluidez, aunque con un acento cubano que sonaba encantador. Hablaba en un tono muy pausado y preciso, no avanzaba mucho en cada lección, pero prefería dar la clase sin traductor; hablaba tan despacio que parecía que pasaba un siglo entre dos signos de puntuación.

Nunca volví a recibir más regañadas del profesor Krilov; por el contrario, sentía que sus ojos azules se clavaban en mi rostro más de lo que mi timidez podía tolerar. Empezó a tomarnos confianza e intercambiaba experiencias con cada uno de los estudiantes, él nos contaba de sus aventuras en las playas de Cuba y nosotros le enseñábamos a decir malas palabras en español. Siempre me pedía que cerrara la clase con un resumen de las lecturas; decía que yo tenía la capacidad de resumir sin repetir, aunque yo siempre he creído que mi extremada concreción y poca habilidad descriptiva dejan cabos sueltos en la mayoría de los casos. ¡Cómo me gustaría encontrar respuestas a todos mis cuestionamientos!

Serguei entabló una relación muy estrecha con María, la ecuatoriana; esta muchacha poseía una agudeza intelectual fuera de serie y al profesor le encantaba conversar con ella, comer con ella, discutir temas políticos en los recreos. Con el resto del grupo, incluyéndome, sólo hablaba bobadas. A decir verdad, yo no supe en qué momento sucedió, pero empecé a enamorarme de Serguei a pesar de que mi timidez y mi juventud me impedían acercarme a él. Para colmo, María era no sólo mi amiga sino también era una mujer tan insoportablemente interesante, con sus caderas anchas y su trasero redondo, que no me dejaba ningún espacio para competir.

María era una mujer madura, talentosa, segura de sí misma, extraordinariamente extrovertida y con una oratoria que opacaba mi escuálido discurso y el de muchos otros. Yo, por mi parte, seguía siendo la pequeñita Lucía, la más joven de una escuela de más de ochocientos alumnos.

Algunas veces escuché comentarios de compañeros que se preguntaban por qué yo no habría sido enviada a la escuela de las juventudes soviéticas, al llamado Komsomol, donde se formaban los cuadros juveniles que después habrían de ser promovidos a niveles superiores en las organizaciones políticas de nuestros países. La escuela a la que yo había sido asignada era más bien para gente madura, que pudiera compartir con otras culturas una experiencia de lucha o el conocimiento adquirido a lo largo de una historia de conflictos en el mundo de los años ochenta.

Poco a poco me fui dando cuenta de que tenía el valor de enfrentar cualquier reto, de romper cualquier obstáculo y, para ello, me dispuse a estudiar, que al fin y al cabo era lo que iba a hacer allá, tan lejos de mi familia y completamente desprotegida.

Leía con obstinación a toda hora, en todo lugar, tomaba apuntes de temas que podría olvidar y me concentré en mi formación de una manera que terminé sorprendiendo a muchos en un período muy corto.

Comenzaba el invierno y yo había comprado unas botas y un abrigo en la tienda de niños; los árboles de habían quedado sin hojas, con excepción de los cipreses. Yo nunca había visto la nieve y la esperaba con mucha emoción. Nunca imaginé que vería tanta nieve junta, que sentiría tanto frío, que Moscú se vistiera de blanco de arriba a abajo, o de abajo a arriba. ¡Si la nieve fuera negra... qué triste sería Moscú en invierno! Fue en ese invierno de 1984, en que Serguei y yo nos enamoramos de verdad.

Recibía en total cinco materias, ninguna fácil, iba a clases seis días a la semana y cumplía con un estricto plan de trabajo y la preparación de una monografía para el final del curso. Serguei Victorievich había sido nombrado tutor de mi grupo y estaba con nosotros los lunes y los sábados. Comenzamos a entendernos una vez que yo perdí el miedo a hablar frente a todos y dejé de sentarme en el último asiento; entonces dialogábamos dentro y fuera del aula con mayor confianza, con mucha soltura de mi parte. Creo que fue entonces que me di cuenta que estaba equivocada respecto a él, que no era tan frívolo como pensaba y que, ante todo, demostraba un gran compromiso con su trabajo, su país, con todo lo que hacía.

Sucedió la noche de Año Nuevo; tuvimos un baile muy bonito y María y yo fuimos a comprar nuestros vestidos, queríamos lucir realmente de gala. Compré un vestido blanco de satín en la tienda de niños y lo he guardado como recuerdo.

Esa noche bailé mucho, como en los tiempos del colegio. Serguei apareció muy bien vestido y muy animado. Me dijo que mi cara era la mejor expresión de la forma correspondiendo al contenido, así eran sus piropos, sumamente dialécticos. Después de unas horas de rodeos, me invitó a bailar "Noches de Moscú", esa tradicional melodía rusa que no voy a poder olvidar por más perestroikas que me toque vivir.

El primero de enero de 1985, a las seis de la

tarde, me esperaba Serguei en el parque de manzanas que ya no tenía manzanas, ni siquiera hojas. Esa noche él me llevó a ver la luna, a tomar vodka, a escuchar mil veces Noches de Moscú, a caminar al parque, a conocer un bar lejano donde compartimos la mesa con extraños. Me besó al despedirnos y me gustó mucho... muchísimo. Nos despedimos un poco lejos del Instituto y tuve que caminar un buen rato. Estaba un poco desorientada, más por la emoción que por el vodka y me perdí, no encontraba el edificio y sentí mucho miedo. Ningún estudiante podía entrar en el edificio después de las once porque el castigo de la primera falta era una reprimenda en un acto público. Nunca supe cuál era la pena en una segunda o tercera falta, creo que nadie se atrevió a averiguarlo. Yo nunca había tenido ningún problema disciplinario y definitivamente no quería manchar mi récord, pero ya pasaban las once y a la entrada, tendría que explicar al guarda, un señor uniformado, lleno de medallas y a quien había que llamar Comandante, el motivo de mi tardanza. Para mi suerte, pude ver que había una luz encendida en un cuarto del primer piso, donde estaban las mesas de billar y otros juegos; me agaché y corrí al frente de la puerta principal y el Comandante no pudo verme; llegué hasta la ventana del cuarto de billar y dos chilenos me ayudaron a entrar. Ahí me quedé jugando un rato para disimular y bajar la adrenalina oyendo las canciones de Silvio Rodríguez hasta que me fui a dormir, presa de la excitación tras una inolvidable noche de Moscú.

A partir de aquella noche el tiempo voló, se me iban los días y contaba los minutos para ver a Serguei, estudiaba muchísimo para las clases de Psicología Social más que cualquier otra materia. Empezamos a vernos en la calle una vez a la semana, en secreto; nunca fue suficiente el tiempo que podíamos estar juntos, casi llorábamos al despedirnos imaginando el momento en que tendríamos que separarnos para siempre.

Serguei me llevó junto a un grupo de amigos a conocer las rutas del metro para no perdernos en la gran ciudad, nos traducía en las tiendas, caminaba largas horas con nosotros. ¿Que si lo amé? Aquí lo siento todavía.

Pienso que mis compañeros sospechaban de mis andadas pues las miradas culpables que cruzábamos el profesor y yo en las clases, seguro que nos delataban, pero nadie podía confirmarlo, siempre fuimos muy cuidadosos. Los muchachos me acosaban para invitarme a salir y yo buscaba cualquier excusa para evadirlos.

A pesar del inmenso amor que llegué a sentir, nunca descuidé mis estudios, mi pasión por conocer la cultura y la vida de ese país que me había acogido tan cálidamente. En una ocasión, fui con mi grupo a conocer un Soviet Distrital que tendría que elegir dos miembros en esos días. El Soviet Distrital era la organización local, la base de la estructura política soviética, más o menos como las municipalidades de nosotros. Los rusos son sumamente ceremoniosos y hasta en los eventos más irrelevantes se conducen con gran elegancia.
Una señora gorda con un uniforme que parecía militar, nos llevó a una sala de conferencias inmensa, con una gran mesa adornada exquisitamente con muchas frutas, especialmente naranjas; sirvieron el té en un recipiente de plata que ellos llaman samovar. Serguei nos acompañó en su calidad de tutor del grupo y nos advirtió que tendríamos que formular alguna pregunta inteligente para sacarle el mayor provecho a la reunión. La verdad es que la

actividad fue tan aburrida que me costó trabajo no dormirme y no entendí nada.

Volvimos al Instituto y en el autobús los argentinos cantaron "Luna Tucumana" y "Caminito"; Serguei también cantó con su particular acento y también nos advirtió que la semana siguiente tendríamos un foro sobre el Soviet de Distrito y esperaba que todos tuviéramos claro el funcionamiento. A solas, me preguntó qué me había parecido el Soviet. Yo lo tenía muy claro, un Soviet era una mesa llena de naranjas.

Esa misma tarde en el autobús, Serguei me dijo algo al oído en ruso que entonces no pude entender. Por la noche investigué con mis amigos el significado de la frase; la mayoría de mis compañeros dominaban el ruso mucho más que yo. La población del Instituto era muy desigual en cuanto a género; más del setenta y cinco por ciento de los estudiantes eran hombres, lo cual era fácil de explicar dada la aún poca participación de las mujeres en la vida social y política de América Latina en los ochenta, aparte de toda la propaganda antisoviética que circulaba en nuestros países. Se decía por ejemplo que los rusos comían chiquitos, que los comunistas tenían una red de espionaje muy poderosa y si uno decía algo que pudiera parecer anticomunista lo fusilaban y mil tonterías más; en otras palabras, había que ser muy valiente para estar ahí. Lo cierto es que, para desventaja de nuestros muchachos, los que no se apuraban a encontrar pareja, se quedarían vacantes o en lista de espera. La mayoría salían a la calle a buscar rusas o a las universidades donde siempre encontrarían algún paisano que les presentaría a alguna amiga; mis compañeros enamoraban a las rusas con un diccionario y debo reconocer que la mayoría de ellos llegó a aprender el idioma en muy corto tiempo. Yo no tuve ningún problema con el idioma, Serguei me traducía en todo momento con la excusa de practicar su español. Esa noche me enteré que en el bus, Serguei dijo que me amaba.

Un fin de semana, Serguei y yo tomamos un tren rumbo a Kalinin, una pequeña aldea al sur de Moscú; fuimos a visitar a su hermano Mijail. Fue la primera vez y hasta el momento la única, que he viajado en tren en toda mi vida. El tren tomó cerca de una hora. Y en la estación nos esperaban Mijail y su esposa Ludmila, una mujer bellísima. Entonces me percaté de mi raquítico entendimiento del ruso y culpé a Serguei por ello, no obstante, la pareja fue encantadora y no permitieron a Serguei traducir, así que hicimos el esfuerzo y nos comunicamos muy bien. Vivían en una casita pequeña pero acogedora y realmente me la pasé muy bien, hablamos de nuestras culturas, les conté de mi país, de mi vida, de mis sueños.

Ludmila nos preparó una habitación y colocó flores, dulces y champaña en la mesita de noche. Esa fue la primera noche que Serguei y yo dormimos juntos. Nos amamos en silencio y después nos dolía separarnos, aunque fuera un minuto. Serguei... Serguei Victorievich para siempre...en mi más profundo secreto... Serguei aquí...todavía.

Si alguna vez me hubieran dicho que tendría la fortuna de presenciar uno de los más importantes giros de la historia contemporánea, nunca lo habría creído. Lo que me tocó vivir en ese corto año, no puede ser tomado a la ligera.

Mi instrucción nunca pasó a segundo plano,

sin embargo, mi amor por Serguei superaba cualquier pronóstico. Yo me convertí en una estudiante ejemplar, olvidé mis temores, mi timidez, desarrollé mis aptitudes y nunca más volvía a sentirme apabullada ante ningún reto en la vida. Serguei siempre se mostró respetuoso de mis opiniones, nunca pretendió educarme, al contrario, decía que conmigo aprendía día con día. El era mi ejemplo, mi motivo, mi objetivo, en una realidad que cada día se me presentaba menos clara, más incierta. Lo que yo más admiraba de Serguei era su claridad política, su objetividad, él no era simplemente crítico sino más bien cuestionador como yo.

Era entonces la primavera de 1985; una noche Serguei me invitó de nuevo al bar donde había escuchado Noches de Moscú aquella vez; descubrí que había avanzado muchísimo en el aprendizaje del ruso, pues pude entender incluso los chistes sin gracia de los rusos borrachos. Lo curioso es que había dos hombres tomando vodka y comiendo pescado seco que desenvolvieron de una hoja de periódico, contando un chiste muy interesante. Decían que los días de Lenin demostraron que un partido puede gobernar un país, que los días de Stalin probaron que un hombre puede gobernar un país, los de Krushov que un idiota puede también gobernar un país y que, los de Chernenko, el entonces presidente soviético, constataban que hasta un muerto podía gobernar la Unión Soviética. Yo no sabía que la enfermedad del camarada Chernenko fuera tan grave y Serguei evadió el tema, prefirió que nos retiráramos. Camino a casa, conversamos sobre la situación política en el mundo y en el país. Me atreví a contarle que había visto grupos de adolescentes en el parque de la cultura acosando a los turistas para comprarles pantalones americanos, pornografía y otras cosas. Serguei me comentó algo que comenzó a preocuparme, dijo que él pensaba que estaban surgiendo grupos neofascistas en su país, que los adolescentes soviéticos no estaban recibiendo la formación ideológica necesaria para asegurar la continuación del comunismo en la Unión Soviética. A mí me pareció exagerado, pero no hice comentario alguno a respecto. Dos semanas después murió el camarada Chernenko.

Yo no logré ver a Serguei durante varios días y estaba desconsolada. Al rato me enteré que en el Instituto habían estado en constantes reuniones estudiando documentos relacionados con la reunión del Comité Central del Partido Comunista. En todas las esferas se especulaba sobre quién sería el nuevo Secretario General. El nombre de Mijail Gorbachov ya se escuchaba en los pasillos, se hablaba de sus ideas revolucionarias respecto a la transformación de la economía soviética que estaba en plena desventaja con la economía capitalista. Se decía que Gorbachov era continuador de Andropov, quien sucediera a Leonidas Brezhnev en los setentas y cuyos intentos de transformar el país duraron no mucho más que el papado de Juan Pablo I. En este caso, el humo blanco salió en un par de días, Mijail Gorbachov fue electo Secretario General del Partido Comunista.

Asistí con toda mi escuela a los actos fúnebres para despedir a Chernenko en la Plaza Roja; miles de hombres uniformados desfilaron en una ceremonia tan solemnemente ordenada que mi mente tercermundista tardó un buen rato en asimilar. Había muchísima gente, ese día se paralizó el país y lo más interesante de todo es que nadie comentaba nada, nadie hablaba y Serguei seguía desaparecido.

Al día siguiente, fuimos invitados a presenciar el primer discurso del camarada Mijail Gorbachov, en el Palacio de los Congresos. La magnitud de los eventos en los cuales participé, templó mi carácter y, de algún modo, marcó mi vida, para siempre.

Gorbachov habló de cambio, de renovación, de perestroika. Serguei andaba por ahí, ocupadísimo, ignorándome, moviéndose de un lado a otra. En medio de aquel acontecimiento tan significativo para la historia de la humanidad, yo volví a sentirme pequeñita, apocada.

Aquella noche regresé a la habitación con una sensación de incertidumbre y frustración que aún no logro explicar. Quería tomar un trago, pero, para mi sorpresa, en tan corto tiempo ya se había hecho efectivo el primer decreto de Gorbachov. Presencié, por no decir sufrí, el primer cambio en la Unión Soviética: estábamos en ley seca, se limitaba considerablemente la venta y el consumo de alcohol. En las tiendas de la escuela ya nunca más se volvió a vender cerveza y en los mercados se establecía un horario para vender licor, no más de tres horas al día. Las filas de rusos sedientos de vodka eran infinitas; mis amigos y yo hicimos la fila varias veces hasta que encontramos el mecanismo burgués para abastecernos de alcohol. Pero esa noche, me tuve que tragar mi ansiedad.

Para conseguir alcohol, en vez de hacer las colas, nos hicimos amigos de los angolanos. En Angola acababa de triunfar una revolución democrática y por esos aconteceres de la historia y las propias condiciones de ese país africano, después de ser un país pre-capitalista con estructuras semifeudales, Angola pasó a la etapa de transición hacia el socialismo, según nos explicaban los compañeros. En realidad, el socialismo nunca se concretó debido a las luchas tribales internas y los cambios en el mundo en los años posteriores. El hecho es que estos muchachos recibían dólares de su país, aunque nunca lo dijeron claramente. Siempre andaban impecablemente vestidos y tenían más dinero que el resto de los estudiantes. Además, podían comprar licor con dólares en las tiendas para extranjeros. Cosas de la vida, la moral revolucionaria la dejábamos de lado para abarrotarnos de champaña y stolishnaya acompañados de danzas africanas.

Un nuevo estudio fue publicado en esos días, para revelar el daño tan cuantioso que el consumo de licor estaba causando a la economía soviética; innumerables pérdidas se sumaban día tras día debido a las ausencias de los obreros a los centros de trabajo a causa de las borracheras, accidentes laborales y mala calidad de la producción. La tecnología soviética definitivamente se había quedado rezagada respecto a la capitalista. El nuevo planteamiento económico, suponía aumentar y mejorar la producción de equipo electrónico, los artículos de primera necesidad y bienes de consumo en general. Era, más que ambicioso, sumamente necesario, sin embargo, el asunto de la ley seca no iba a ser fácilmente perdonado por un pueblo históricamente borracho como el ruso.

Yo viví el inicio de lo que fue la "perestroika", la reestructuración de la Unión Soviética en su propio suelo. Fue una época gloriosa, llena de esperanzas, una nueva revolución, la revolución del socialismo que finalmente abriría paso al comunismo para alcanzar la completa igualdad entre los hombres y la plena satisfacción de todas las necesidades humanas, según pensaban los soviéticos.

María comenzó a salir con un colombiano y a las dos semanas ya se había ido a vivir en su habitación, burlando la vigilancia de los comandantes y las viejitas gordas a las que llamábamos "mamas". Las mamas eran veteranas de la Segunda Guerra Mundial y habían servido al Estado toda una vida. En vez de retirarse de toda actividad laboral cuando alcanzaron la edad de jubilación, decidieron contribuir voluntariamente a ciertas tareas ligeras en instituciones de gobierno. En el Instituto Lenin, las mamas se ocupaban de la limpieza de nuestros cuartos, la lavandería, pero, sobre todo, a vigilarnos. María y su novio Carlos se levantaban siempre muy temprano para evitar la custodia de las mamas. Finalmente, María había dejado de ser una amenaza a mi relación con Serguei.

Llegó el verano de 1985 y en Moscú hacía tanto calor como en mi país. Antes de los exámenes finales teníamos que viajar fuera de Moscú para realizar dos prácticas de campo, una en otra república y otra en la bella ciudad de Leningrado, que ahora vuelve a ser San Petersburgo, como en los tiempos de Pedro el Grande. Ese verano yo enfermé terriblemente de los ovarios. La doctora de la escuela, Julia, me explicó que durante el invierno mis ovarios se congelaron y, al descongelarse con el aumento de las temperaturas, el deshielo provocó una severa infección. Recuerdo que, durante el invierno, María y yo retábamos el frío corriendo por la calle sin abrigos, sin más ropa que una camiseta desmangada y unos pantalones cortos. Lo cierto es que el día que todos los estudiantes y profesores salieron a la práctica a la república soviética de Bielorrusia, en la frontera con Polonia, yo estaba encerrada en un hospital. Serguei me llevó frutas y un oso de peluche y después se fue con todos a Bielorrusia en medio de una gran excitación. Aún me pregunto por qué la historia dejó impune el aparato reproductor de María.

Salí de la clínica dos días después y me fui a descansar a mi habitación. Había quedado en la escuela muy poca gente, creo que aparte de dos hondureños que iban a un curso más corto, sólo vi un grupo de yemenitas, pero me daban miedo. No salí de mi habitación en toda la semana; los hondureños me llevaron cintas de Silvio Rodríguez y él fue mi única compañía. Desde entonces, la música de Silvio ha iluminado mis días de tristeza, mi poesía, mis amaneceres rotos por el insomnio y la incertidumbre.

Finalmente regresaron todos del viaje y María fue la primera persona que corrió a buscarme, traía un souvenir bielorruso para mí y se lo agradecí mucho. Por la noche Serguei me buscó en la cafetería y me propuso pasar la noche fuera de la escuela. Fuimos a una casa de campo que sus padres tienen en las afueras de Moscú y me trajo de regreso a la escuela en la mañana. Aparecí como si nada en la clase de Historia y nadie se percató de mi escapada.

La segunda práctica sería en Leningrado y yo me convertí en la persona más saludable del mundo. En esos días me enteré que el novio de María había regresado a Colombia tras una llamada de emergencia que había recibido mientras estaban en Bielorrusia. Me parecía que Serguei y María casi no se hablaban últimamente, sin embargo, a los dos les pregunté si tenían algún problema, pero me dijeron que eran figuraciones mías.

Partimos a Leningrado en un tren modernísimo; María y dos señoras chilenas compartían conmigo una habitación de cuatro camarotes. Llegamos a Leningrado el día de mi cumpleaños. Era el verano de 1985 y yo cumplía 21 años. Nos hospedamos en el hotel Sputnik, nombrado en honor del primer satélite artificial soviético. Serguei me acompañó a caminar toda la noche, la noche blanca del solsticio de verano, como en el libro de Dostoievski "La Biela Nochi".

Leningrado es una ciudad preciosa, llena de canales como Venecia, con un escenario artístico y una arquitectura genial. Visité muchos museos, cientos de ellos en honor a Lenin; un día se me ocurrió decir que los rusos construían un museo por donde quiera que se hubiera parado Lenin, aunque fuera a orinar. Serguei se enfureció. Lo cierto es que además de museos, conocí el castillo de Pedro el Grande, el primer Zar ruso, quien había construido en su patio infinidad de trampas y bromas para divertir a sus amigos en las fiestas. Aproveché también la visita a Leningrado para comprar regalos para mi familia pues ya nos quedaba muy poco tiempo para el regreso. Debo decir que ese paseo fue maravilloso e inolvidable.

Regresamos a Moscú con apenas tres días de tiempo para preparar los cinco exámenes finales que resultaron ser una conferencia oral con un grupo de rusos supervisando y haciendo preguntas incomprensibles. Fue un verdadero martirio, pero, una vez más sobreviví. Los últimos días en la escuela fueron de gran ajetreo haciendo maletas, comprando souvenirs y participando en fiestas de despedida a los colectivos que poco a poco iban saliendo del Instituto y de la patria de Lenin.

Mi vuelo iba a ser un lunes por la mañana; el domingo lo pasé con Serguei paseando por la ciudad y encerrados en la cabaña, conversando como si nada estuviera pasando, como si no nos despedazara por dentro la separación; decidimos no comentar nada a respecto y pasarla bien el último día. Algunas veces había pasado por su mente la idea de que a lo mejor algún día lo volverían a mandar a Cuba, o a Nicaragua, o algún país cercano donde pudiéramos reencontrarnos. Pero ese día no lo mencionamos, en el fondo de mí, algo decía que ese era el final. Ese sería también el último día de Serguei en el Instituto pues partiría en un tren a Kalinin ese mismo domingo, a pasar vacaciones con su familia.

Serguei me despidió con un beso rápido en la

puerta del instituto. Yo empujé en mi maleta un par de camisas suyas para no olvidarlo, empaqué su colonia, sus recuerdos, las noches de Moscú, los atardeceres de invierno acurrucada en sus brazos, sus canciones, el sexo atormentado y todo lo que después fue solamente poesía y añoranza.

Ya sólo quedaban los afganos y tres brasileños para despedirnos; prepararon una exquisita cena para mi grupo y pasamos la noche recordando nuestros mejores momentos en Moscú. María se quedó en mi habitación y trajo una botella de vodka; conversamos largamente y en un ataque de sinceridad, me confesó que había pasado una noche con Serguei durante el viaje a Bielorrusia. Esa noche lloré tan cruel y amargamente como lo estoy haciendo ahora, después de tantos años.

El destino quiso que me tocara volar con María en el mismo avión, aunque no nos cruzamos ni siquiera una mirada. Ella rápidamente encontró amigos y, desde mi asiento yo podía escuchar su risa, su habla cultivada, su discurso marxista y su desesperante sentido del humor.

Entre mi tristeza y mi desazón, retumbaban en mis sentidos las risas de María, hasta que desaparecí entre las montañas con mi verdadero nombre a cuestas hacia mi propia tierra, que siempre esperó por mí.

Años después, cuando vino la crisis en la Unión Soviética, cuando las quince repúblicas decidieron independizarse y la perestroika llegó a su fin, las carcajadas de María volvieron a agujerear mis sentidos.

ÍNDICE

Colofón

Esta segunda edición de *R e t r a t o*
d e   u n a   m u j e r   p e r d i d a , de
Xinia Marie Estrada, se terminó
de imprimir en junio de 2020, publicada
en los Estados Unidos de América por

Obsidiana Press
w w w . o b s i d i a n a p r e s s . n e t

info@obsidianapress.net

Tel.: (917) 853-5095